Lösungsorientiert denken und handeln

Wie eine Haltung Ihr Leben verändert

Marcus Stobbe

2. Auflage

HAUFE.

alt

Vorwort

Ob beim Fußballschauen, im Straßenverkehr, im Job oder im Privatleben – wie oft ärgern wir uns über andere, die sich nicht nach unseren Erwartungen verhalten. Wie oft regen wir uns über uns selbst auf, weil wir unseren Ansprüchen nicht genügen. Wie oft bringt es uns auf die Palme, wenn der Partner mal wieder nicht das tut, was wir wollen. Doch wenn dann der erste Adrenalinschub nach dem Ärger abgeklungen ist, bereuen wir meist unsere Reaktion und unsere Gedanken, den kurzfristigen Verlust der Selbstkontrolle. Und häufig stellen wir hinterher fest, dass das Problem dann doch gar nicht so groß war wie angenommen. Wie gelingt es aber, dass wir uns in solchen Situationen gar nicht erst aufregen und uns mit negativen Gedanken unter Stress setzen? Der Schlüssel dazu lautet: lösungsorientiertes Denken und Handeln. Wer es beherrscht, fokussiert die Lösung und nicht das Problem, grübelt nicht über die Vergangenheit, sondern richtet seinen Blick auf die Zukunft, konzentriert sich auf die Ressourcen und Fähigkeiten und nicht auf die Schwächen und Hindernisse.

In diesem TaschenGuide zeige ich Ihnen, wie hilfreich und effektiv lösungsorientierte Techniken und Methoden sind, wenn es darum geht, positiver in die Zukunft zu blicken, Ihre Performance im Job zu verbessern und Beziehungen glücklich und zufrieden zu gestalten. Folgen Sie mir auf die Reise weg vom problemfokussierten Denken hin zum lösungsorientierten Leben!

Viel Spaß und Erfolg dabei wünscht Ihnen *Marcus Stobbe*

Weg vom Negativen – hin zur Lösung

Oft sehen wir nichts als Probleme und Schwierigkeiten, vor allem wenn wir unter Stress stehen. Doch hilfreich ist dieser Blickwinkel nicht. Im Gegenteil: Er erhöht den Druck nur noch.

In diesem Kapitel erfahren Sie unter anderem,

- warum es nachweislich viel hilfreicher ist, sich auf Lösungen zu fokussieren,
- was eine lösungsorientierte Grundhaltung ist,
- warum der Glaube an uns selbst dabei eine wichtige Rolle spielt.

Von der Problemfokussierung zur Lösungsorientierung

Sicher kennen Sie das auch: Sie kommen spät am Nachmittag nach einem langen, anstrengenden Arbeitstag nach Hause. Beim Abendessen erzählen Sie, was alles nicht geklappt hat, wer sich unmöglich benommen hat oder was schiefgegangen ist. Sie sind ganz bei Ihren Problemen und den Schwierigkeiten und versuchen, sich diese von der Seele zu reden. Ihr Partner hört zu und will wissen, warum die Dinge schlecht gelaufen sind und wie Sie sich dabei gefühlt haben. Die Folge: Sie fokussieren sich ganz auf das, was nicht geklappt hat, und Ihr Partner vertieft diesen Zustand der Problemfokussierung mit seinen Fragen. Dass das Problemgespräch nichts gebracht hat, merken Sie spätestens in der Nacht: Ihre Gedanken kreisen weiterhin um all das, was Ihnen bereits am Tage Sorgen bereitet hat. Die Probleme scheinen größer und größer zu werden – an Schlaf nicht zu denken. Sie sitzen in der »Problemfalle« fest.

Jeder kann – auch durch eigenes Erleben – nachvollziehen, dass negative Gedanken zu weiteren negativen Gedanken, Sorgen und sogar Katastrophenphantasien führen. Wer sich mit Negativem beschäftigt, seien es persönliche Konflikte mit anderen Menschen, schwerwiegende Ereignisse auf dem Globus oder auch existenzielle Probleme, versetzt sich in Stress. Wir geraten beispielsweise dann unter Stress, wenn die Wahrnehmung einer Situation und die eigenen Gedanken dazu nicht im Einklang miteinander stehen und es daher zu Emotionen kommt, die zur Ausschüttung der Stresshormone Adrenalin und Noradrenalin führen.

BEISPIEL: NEGATIVE GEDANKEN FÜHREN ZU STRESS

Wahrnehmung: »Ich muss noch so viel im Büro machen!«

Gedanken: »Ich kann hier nicht Nein sagen; ich möchte aber auch pünktlich nach Hause kommen, da es sonst wieder Ärger mit meinem Partner gibt.«

Emotionen: Angst, Furcht, Hilflosigkeit

Folge: Stress

Unter Stress greifen wir gerne zu den alltäglichen ablenkenden Beruhigungsmitteln, wie beispielsweise zu Zigaretten, Alkohol, Süßigkeiten oder sogar Tabletten. Wir suchen Erholung, indem wir den Fernseher anschalten oder uns mit dem Smartphone beschäftigen. Wir essen unausgewogen, haben zu wenig Schlaf und zu wenig Bewegung. Dadurch entsteht ein Teufelskreis, da wir damit die eigenen Leistungsmöglichkeiten verringern, unsere persönliche Belastbarkeit sich weiter reduziert und wir nur noch mehr unter Stress geraten.

Es gilt heute als erwiesen, dass langanhaltender, nicht bewältigter Stress das Auftreten von Krankheiten begünstigt, weil er das Immunsystem schwächt. Eine immer häufiger auftretende Krankheit ist das Chronische Erschöpfungssyndrom, bei dem vielfältige körperliche Beschwerden mit massiven Konzentrationsstörungen, allgemeiner Leistungs- und Antriebsschwäche und einer ständigen starken Müdigkeit einhergehen.

Stopp dem negativen Denken!

Doch wie lässt sich das negative Gedankenkarussell stoppen? Glücklicherweise gibt es hierfür viele Möglichkeiten, die Sie in diesem TaschenGuide noch kennenlernen werden. Dass sie ganz simpel sein können und es mitunter nur eine Frage braucht, um den Sog in den Problemstrudel zu unterbrechen, zeigt das folgende Beispiel.

BEISPIEL: NUR EINE FRAGE

Als Marleen Müller aus ihrem Sommerurlaub zurückkommt, erfährt sie, dass vor zwei Wochen der Mann ihrer Nachbarin Frau Meander gestorben ist. Am Morgen darauf – Marleen will gerade in ihr Auto steigen, um zur Arbeit zu fahren – trifft sie die Witwe auf der Straße. Sie kondoliert, wie es sich gehört. Daraufhin bricht Frau Meander in Tränen aus. Marleen fragt mitfühlend nach, wie das alles geschehen konnte. Ihre Nachbarin erzählt ihr weinend die Geschichte vom Tode ihres Mannes. Inzwischen sind 15 Minuten vergangen. Die Nachbarin weint immer noch und spricht sich ihren Kummer von der Seele. Marleen beginnt, sich unwohl zu fühlen, weil es keinen Weg zu geben scheint, diese Situation zu beenden, ohne die Gefühle der Nachbarin zu verletzen und dennoch pünktlich zur Arbeit zu kommen. Da fällt ihr folgende Frage ein: »Wie kommen Sie denn jetzt ohne Ihren Mann hier auf dem Lande zurecht? Sie müssen ja nun bestimmt viele Sachen übernehmen, die Ihr Mann zuvor erledigt hat.« Daraufhin antwortet die Witwe: »Ja, stellen Sie sich vor, ich mache jetzt meinen Führerschein, ich muss ja hier mobil sein!« Ein stolzes Lächeln liegt plötzlich auf ihren Lippen; das Weinen ist wie auf einen Schlag gestoppt.

Wie kann es sein, dass eine einzige Frage zu einer solchen Stimmungsänderung führen kann? Es scheint so, dass die positiv gefärbten Geschichten einen anderen »Lagerplatz« in unserem Gehirn haben. Die angenehmen positiven Gefühle, die dies auslöst, scheinen über die emotionale Kraft wiederum andere positive Emotionen auszulösen. Positiv besetzte Geschichten setzen in unserem Gehirn also quasi eine positive Gefühl-Kettenreaktion in Gang. Lässt der Stress nach, können wir übrigens auch wieder besser denken und uns auf die Suche nach kreativen Lösungen für Probleme machen. Denn unser Großhirn, das für alles Rationale zuständig ist, kann erst so richtig mit dem Denken starten, wenn sich die emotionale Aufregung aus dem Limbischen System gelegt hat, wo unsere Emotionen verarbeitet werden. So ist es beispielsweise aus der Arbeit mit Kreativitätstechniken wie dem Brainstorming bekannt, dass es eine bestimmte Stimmung braucht, um kreativ zu werden: Am kreativsten sind wir, wenn wir in einer entspannten, optimistischen Stimmung sind.

Doch nicht nur die richtigen Fragen helfen uns und anderen dabei, negative Stimmungen zu beenden. Es ist zum Beispiel auch hilfreich, sich hinzusetzen und losgelöst von allen Meinungen und Befürchtungen einfach nur die Fakten aufzuschreiben. Wenn ein Problem aufgeschrieben ist, kann es besser bearbeitet werden. In Zeiten starken Stresses hilft es, alles das, was uns bewegt, zu notieren, so beispielsweise in einem Tagebuch oder auch auf einem Schreibblock. Die Dinge werden dann klarer und wir können ruhiger mit uns und einer belastenden Situation umgehen.

Es gibt darüber hinaus noch viele weitere Strategien, die Sie dabei unterstützen, positiver an Probleme und Herausforderungen heranzugehen. Viele von ihnen stammen aus psychologischen Therapiekonzepten, die Sie im nächsten Kapitel kennenlernen.

> Lernidee Nr. 1: Schreiben Sie die Fakten zu einem Thema, das Sie bewegt, auf. Unterscheiden Sie dabei ganz klar Tatsachen von Annahmen und Schlussfolgerungen, die Sie daraus ziehen und die nicht belegt sind.

Mehr als graue Theorie: die Erkenntnisse der Experten

Die Wissenschaft der Psychologie ist noch gar nicht so alt. Gerade 100 Jahre sind vergangen, seit die erste Große Schule der Psychologie, die Psychoanalyse, in Wien entwickelt wurde. Die bekanntesten Vertreter dieser Denkschule waren Sigmund Freud, Alfred Adler und Carl-Gustav Jung. Sie waren Pioniere der Persönlichkeitspsychologie und der Psychotherapie und gingen davon aus, dass der Mensch von Trieben wie Lustgewinn, Aggression oder auch Gemeinschaftssinn gesteuert ist. Sie nahmen an, dass die ersten Lebensjahre die Persönlichkeit prägen. Daraus folgerten sie, dass man diese ersten Jahre verstehen müsse, um den erwachsenen Menschen zu verstehen. Daraus ergab sich insbesondere bei Sigmund Freud die Methodik, Menschen einzeln zu behandeln und sie in ihre Vergangenheit zu begleiten. Das Therapieziel war, zu erkennen, warum sie so fühlten, wie sie fühlten; sie sollten sich besser verstehen lernen.

Der systemische Ansatz

In den 1960er-Jahren entwickelten sich mit dem sogenannten systemischen Ansatz der Wunsch und die Methodik, nicht nur einzelne Menschen zu behandeln, sondern ganze Familien und komplette Systeme. Man hatte erkannt, dass Familienprobleme vom wechselseitigen Denken und Handeln herrührten und dass daher alle Beteiligten gefragt seien, sich im Denken und Handeln zu verändern – und nicht nur eine einzelne Person. Es wurde deutlich, dass es nicht die eine einfache Ursache gibt und damit die eine lineare kausale Wirkung, sondern dass ein Wort das andere ergibt und das Problem immer im System begründet ist.

Therapeuten begannen mit Familien zu arbeiten, aber niemand wusste so recht, wie man genau vorgehen konnte, denn damals gab es dazu noch keine wissenschaftlich fundierten Erkenntnisse. 1969 erst begann eine Forschungsgruppe um den US-amerikanischen Psychologen Steve de Shazer, die Therapeuten bei ihrer Arbeit hinter einer Scheibe (mit Wissen und Einverständnis der Familien) zu beobachten. Daraus entwickelten de Shazer und sein Team das Modell der lösungsorientierten Kurzzeitberatung und erweiterten es mit der Zeit kontinuierlich um neue Erkenntnisse und Techniken. In einem Lernprozess, der auf Hunderten von Therapiegesprächen gründete, erprobten sie und behielten bei, was sich als nützlich erwies (Szabo, Berg 2006: 19). Basierend auf diesen Erkenntnissen fokussierten sich die Therapeuten immer mehr auf funktionierende Lösungsansätze im Leben ihrer Klienten, anstatt sich auf lösungsverhindernde Muster und Probleme sowie deren Ursachen zu konzentrieren. Damit war der Gegenentwurf zur Psychoanalyse geschaffen.

Überrascht durch die eigenen Erfolge, lernten die Anhänger des lösungsorientierten Ansatzes vornehmlich aus den Beobachtungen in ihrer Praxis und fingen bald an, alle bestehenden theoretischen Erklärungen über Bord zu werfen. Sie entschlossen sich zu einer »Theorie der Theorielosigkeit«, um dem eigenen forschenden Weiterlernen nicht im Wege zu stehen.

Erkennen, was funktioniert

Das Therapieziel der lösungsorientierten Familientherapie ist es, Familien zu helfen, miteinander gut auszukommen, indem sie selbst erkennen und verstärken, was funktioniert. Das Besondere ist dabei, dass die Therapeuten sich nicht als Experten für das Leben der Familie verstehen und auch keine Ratschläge geben oder so tun, als wüssten sie Bescheid. Die Vertreter der systemischen Familientherapie haben es sich zum Ziel gesetzt, gemeinsam mit der Familie herauszufinden, was funktioniert. Sie fokussieren sich gemeinsam mit ihren Klienten beispielsweise auf Fragen wie: In welchen Momenten geht es der Familie gut? Welche Rituale werden miteinander geteilt? Womit macht wer wem eine Freude? Solche Fragen unterstützen Menschen dabei, ihre eigenen Lösungen zu finden und sie in die Tat umzusetzen. Und diese Sichtweise können wir nicht nur im privaten Bereich, sondern auch für unseren Berufsalltag nutzen.

> Lernidee Nr. 2: Erkennen Sie, was funktioniert, und machen Sie mehr davon!

Die lösungsorientierte Grundhaltung

Steve de Shazer war davon überzeugt: Menschen tragen die Lösungen für ihre Probleme bereits in sich. Wir alle sind die Experten für unsere Probleme und damit auch für unsere Lösungen. Haben wir ein Problem, sollten wir daher unsere Aufmerksamkeit zunächst einmal darauf lenken, dass wir alle Fähigkeiten besitzen, die nötig sind, um es zu lösen.

Die einzige Schwierigkeit besteht darin, dass vielen Menschen dieses Expertenwissen nicht bewusst ist. Mit einer lösungsorientierten Grundhaltung unterstützt man andere dabei, genau dieses Bewusstsein zu entwickeln und eigene Lösungswege zu finden. Lösungsorientierte Gesprächsführung ist demnach das perfekte Gegenstück zum Ratschlag geben. Nicht ohne Grund existiert das Bonmot, Ratschläge seien auch Schläge. Sie werden vom Beratenen oft als unangenehm empfunden. Er fühlt sich angesichts der Tipps schnell bevormundet und herabgesetzt, weil ihm damit suggeriert wird, man traue ihm eine eigene Lösung nicht zu.

> »Mit nichts ist man freigebiger als mit Ratschlägen, und mit nichts sollte man zurückhaltender sein.« (François VI., Herzog de La Rochefoucauld)

Lösungsorientierte Prinzipien

Die lösungsorientierte Grundhaltung ist von mehreren Prinzipien geprägt. Schauen Sie mal, wie diese Prinzipien zu Ihnen persönlich passen. Umso mehr Sie diesen Prinzipien zustimmen können, umso leichter wird Ihnen die Lösungsorientierung von der Hand gehen.

Das Prinzip der Trennung von Problem und Lösung

Beim lösungsorientierten Ansatz trennt man klar zwischen Problem und Lösung. Diese Sichtweise war damals angesichts der Freud'schen Vergangenheitsorientierung, welche die Probleme des Einzelnen und die Ursachenforschung dazu in den Vordergrund stellte, eine Revolution. Man muss also nicht den Problemen auf den Grund gehen. Deren Ursachen müssen nicht bekannt sein. Sie müssen keine Warum-Fragen beantworten, damit es besser wird. Sie müssen nicht herausfinden, was bei Ihnen falsch läuft.

Steve de Shazer war der Meinung, es sei sinnvoller, zunächst ein Lösungskonzept zu entwickeln, da ein Problem sich stets erst aus der Differenz zu einem angenehmen Lösungszustand definiert. Wenn Menschen sich von ihren Problemen emotional lösen, dann schaffen sie es leichter, Lösungen für ihr Leben zu entwickeln.

BEISPIEL: WIE MÖCHTE ICH SEIN? – NICHT: WIE BIN ICH?

Martin Meier hat das Ziel, 15 Kilogramm abzunehmen. Hängt er sich ein Bild an den Kühlschrank, auf dem er sehr dick ist, fokussiert er sich auf das Problem und stellt es in den Vordergrund.

Geht er lösungsorientiert vor, macht er Folgendes: Er hängt ein Bild auf, das ihn mit einem schlanken Körper zeigt, und stellt sich vor, wie er sein möchte und was es dazu braucht, um dahin zu kommen. Was isst so ein schlanker Mensch, wie häufig macht er Sport?

Das Prinzip der Ressourcenorientierung

Jeder Mensch ist ein Experte für sich selbst und seine eigenen Probleme. Jeder Aspekt unseres Verhaltens und Erlebens kann als Ressource verstanden werden, die wir dazu einsetzen können, den eigenen Weg dafür zu finden: Erfahrungen, Bedürfnisse, Abneigungen, Interessen, Fähigkeiten, Gewohnheiten, Merkmale wie Intelligenz, Aussehen, Kraft und Ausdauer. Der lösungsorientierte Ansatz fördert die Entdeckung, welche

Fähigkeit, welche Ressource man stärker entwickeln oder einsetzen sollte, um ein Ziel zu erreichen.

Das Interessante bei der Bewältigung von schwierigen Situationen ist die immer wieder zu beobachtende Tatsache, dass Menschen in 99 % aller Fälle das Problem kennen und benennen können. Was sie aber nicht benennen können, weil sie es nicht trainiert haben und wahrscheinlich nie danach gefragt worden sind, ist die Fähigkeit, die sie benötigen, damit es besser wird. Wenn Sie also mitten in einer schwierigen Situation stecken, sollten Sie nicht das Problem hin und her wälzen und es von allen Seiten beleuchten, sondern sich vielmehr fragen: Welche Fähigkeit brauche ich stärker, damit ich nicht mehr so stark leide oder etwas an der Situation verbessern kann? Ein erster lösungsorientierter Schritt führt also weg vom Problem hin zu einer passenden Fragestellung, die man auch als Anliegen bezeichnen kann. Ein Anliegen steht dafür, dass ein Mensch möchte, dass sich etwas oder jemand verändert. Ein Anliegen zu haben bedeutet auch, für etwas einzutreten. Und nicht zuletzt bedeutet es, sich die Frage zu stellen, welche Fähigkeit man noch stärker entwickeln oder sich aneignen sollte, um das Ziel zu erreichen. Dafür kann eine Ideensammlung hilfreich sein.

BEISPIEL: WELCHE RESSOURCEN SIND HILFREICH?

Der abnehmwillige Martin Meier kann sich fragen: Welche meiner Ressourcen, welche Fähigkeit brauche ich stärker, um erfolgreich mein Gewicht zu verringern? Brauche ich eine bessere Planung, mehr Selbstdisziplin, ein deutlicheres Bild von mir, wie ich sein möchte, einen stärkeren Glauben an mich selbst, ...?

Es ist für Sie wichtig herauszufinden, woran Sie arbeiten wollen. Mit diesem Ziel vor Augen wechseln Sie dann fast automatisch in ein lösungsorientiertes Denken und Fühlen.

> Lernidee Nr. 3: Machen Sie sich auf die Suche. Welche Fähigkeit möchten Sie in den Mittelpunkt Ihres Anliegens stellen?

Das Prinzip der Zirkularität

Der lösungsorientierte Ansatz hat sein Fundament in der Systemtheorie: Unser Verhalten wirkt sich stets auf andere aus, egal ob wir etwas oder ob wir nichts machen. Daher gilt es herauszufinden, wie sich die eigenen Ziele und Verhaltensweisen auf andere auswirken.

Egal was wir tun oder unterlassen, egal ob wir etwas sagen oder schweigen, unser Verhalten wird stets von anderen Menschen registriert und zumeist auch bewertet. Ganz häufig tun wir unsere Wahrheiten nicht kund, weil wir ahnen, dass es den anderen verletzen könnte und die Beziehung zu ihm darunter leiden würde. Diese Fähigkeit, sich in andere Menschen hineinzuversetzen, unsere Empathie, können wir auch in anderer Weise nutzen, und zwar, indem wir uns selbst mit den Augen anderer beobachten. Damit können wir auf einmal »blinde Flecken« an uns wahrnehmen und uns selbstkritisch betrachten. Dieser wohlwollend wie auch kritische Blick aus einer anderen Perspektive hilft uns dabei, eine Reaktion auf unsere Vorhaben oder auch Verhaltensweisen zu bekommen. Wir können dazu nicht nur den Blickwinkel anderer Menschen, sondern auch den von Tieren oder sogar Gegenständen nutzen – das bringt nicht nur neue Erkenntnisse, sondern macht auch Spaß!

BEISPIEL: PERSPEKTIVWECHSEL

Martin Meier könnte sich fragen: Wer wird merken, dass ich abgenommen habe? Was sagt meine Frau, mein Sohn dazu? Wie reagiert mein Freundeskreis darauf oder der Obsthändler, mein Gürtel, mein Portemonnaie, meine Laufschuhe?

Das Prinzip der Sparsamkeit

Die Gesprächsführung zu Problemen oder Anliegen soll so kurz, einfach und sparsam wie möglich sein. Hinter diesem Prinzip der Sparsamkeit liegt das Bestreben, dass von zwei Wegen derjenige zu wählen ist, der bei gleichem Ergebnis schneller zum Ziel führt. Ein Blick in wissenschaftliche Auswertungen zur Familientherapie zeigt, dass alle Therapieformen zusammengenommen eine Erfolgsquote von ca. 60 bis 70 % haben, dass also 60 bis 70 % aller Familien zwei Jahre nach Therapieende noch zusammen sind und sich gut verstehen. Arbeitet ein Therapeut nach dem lösungsorientierten Ansatz, braucht er nur sieben Einheiten zu je einer Stunde, um zu einem solchen Ergebnis zu kommen. Er ist damit mehr als doppelt so schnell wie die Kollegen, die nach anderen Konzepten therapieren. Mit anderen Worten: Ein lösungsorientiert arbeitender Psychologe kann in einer Woche doppelt so vielen Menschen helfen. Das liegt daran, dass man sich nicht über das Zustandekommen von Problemen und die Beurteilung der Schuldfrage austauscht, sondern darüber, was man möchte, und das, was immer noch funktioniert.

Es gibt immer mehrere Möglichkeiten. So können wir uns beispielsweise 10 Minuten bei unserem Kollegen A darüber auslassen, was der Kollege B heute schon wieder Unmögliches fabriziert hat. Wir können die 10 Minuten aber auch dazu nutzen, uns zu überlegen, was wir dem Kollegen B sagen könnten, damit er dieses Verhalten nicht mehr an den Tag legt. Oder wir können diese kurze Zeit dafür verwenden, uns zu entspannen, damit wir uns gar nicht erst über das Verhalten des anderen aufregen und es besser akzeptieren können.

Wer lösungsorientiert denkt, bemüht sich pragmatisch um das, was wirkt. Die Frage, die sich hierbei stellt, ist einfach: Gehe ich in das Problem und verändere damit nichts oder verändere ich mich oder mein Denken?

BEISPIEL: DEN SCHNELLEREN WEG WÄHLEN

Martin Meier könnte sich erinnern und denken: »Ich habe es schon ein paar Mal nicht geschafft, so viel abzunehmen. Ich bekomme es einfach nicht hin ...!« Er könnte sich aber auch in Erinnerung rufen, wie es ihm damals gelungen ist, ein klein wenig abzunehmen und was für ein gutes Gefühl das damals war. Er könnte sich vor Augen führen, wie er mit den Versuchungen umgegangen ist, wie er seinen Willen gestärkt hat. Er könnte sich sagen: »Ich habe es immer schon geschafft, mich ein Stück weit zu verändern! Wie gehe ich dieses Mal vor?«

Das Prinzip der Konstruktivität

Jedes Individuum konstruiert seine Welt und kann abseits von Spekulationen beschreiben, was funktioniert. Daher ist es wichtig, dass Sie selbst über sich wissen, wie Sie ticken, was Sie mögen und was nicht, wie Sie über Ihre Arbeit und Ihre Familie denken, werten und fühlen. Menschen sind unglaublich komplex und setzen für sich und andere jeweils unterschiedliche Maßstäbe. Je nachdem, ob wir einen anderen sympathisch finden oder eben auch nicht, bewerten wir das gleiche Verhalten unterschiedlich: Mögen wir jemanden, der sich durchsetzt, so halten wir ihn für einen Menschen voller Selbstbewusstsein und Zielorientierung. Können wir diese Person nicht leiden, so interpretieren wir sein Verhalten als egoistisch und dominant. Umso wichtiger ist es für uns selbst, dass wir es schaffen, eine Zukunft gemeinsam mit unserem System zu entwickeln: Wie wollen wir als Team, als Familie handeln und leben? Wie möchte ich in Zukunft arbeiten? Was wollen wir gemeinsam erreichen? Wie will ich mit Stress und Unterschieden umgehen, wie darüber denken?

Wenn Sie es schaffen, hier mit sich und anderen zu einem Konsens zu kommen, dann haben Sie einen tollen konstruktiven Maßstab gefunden und können Ihre Verhaltensweisen an ihm ausrichten.

BEISPIEL: KONSTRUKTIVE ORIENTIERUNG

Martin Meier könnte sich fragen: Welches Gewicht ist für mich das richtige? Was wollen wir einkaufen, um gesund alt zu werden? Was lassen wir liegen? Wie nehme ich meine Familie, meinen Partner mit auf diesen Weg?

Das Prinzip der Veränderung

Menschen tendieren dazu, das Gewohnte im Leben zu suchen, weil es ihnen das Gefühl der Sicherheit gibt: stets derselbe Urlaubsort, wo man sich auskennt und von Anfang an Ruhe und Erholung tanken kann, oder die Arbeit, die man immer auf die gleiche Art und Weise erledigt. Dabei verkennen viele, dass wir als Spezies Mensch hervorragend dazu ausgestattet sind, uns an neue Gegebenheiten anzupassen und dass wir alle im Leben schon vielfältige Veränderungen erfolgreich durchlebt haben. Unzählige Menschen haben bereits die Erfahrung gemacht, vor allem von Veränderungen, die sie nicht selbst gewollt haben, unglaublich viel für ihre Persönlichkeit profitiert zu haben.Solche Veränderungen zu analysieren, unsere erfolgreichen Anpassungen vor Augen zu haben, hilft uns dabei, bei den Veränderungen im Hier und Jetzt die notwendigen Schritte zu gehen, auch wenn es nur kleine Schritte sind. Steve de Shazer berichtet von einem Klienten, der sich als »graue Maus« fühlte. Die gemeinsam beschlossene kleine Veränderung war, sich bunte Socken zu kaufen, sie bei der Arbeit anzuziehen und zu schauen, was geschieht. Es ergaben sich daraufhin einige Gespräche bei der Arbeit und das Selbstbild des Mannes (Sie erinnern sich: das Prinzip der Konstruktivität) änderte sich mit der Zeit.

Kleine Veränderungen führen häufig zu größeren Veränderungen. Zwar ist es nicht linear nachweisbar, dass der Flügelschlag eines Schmetterlings oder einer Möwe kleine Windbewegungen oder gar große Stürme auslösen kann. In der lösungsorientierten Arbeit an sich selbst oder mit anderen können kleine Veränderungen jedoch durchaus große Wirkung haben.

- Nur weil wir es einmal nicht geschafft haben, heißt das nicht, dass wir es niemals schaffen.
- Wir sollten herausfinden, in welchen Momenten des Lebens / Arbeitens es gut läuft und welchen Einfluss wir darauf haben.

BEISPIEL: KLEINE VERÄNDERUNGEN – GROẞE WIRKUNG

Martin Meier könnte sich fragen: »Wann habe ich es geschafft, kleinen Versuchungen zu widerstehen? Unter welchen Voraussetzungen habe ich es geschafft, auch im Winter bzw. bei Regen Sport zu machen? Was sind drei Dinge, die ich nicht einkaufe, wenn ich schlank bin, und welche drei Dinge finde ich stattdessen in meinem Kühlschrank?«

Starker Hebel für Lösungsorientierung: Selbstwirksamkeit

Der Ansatz der Lösungsorientierung zeigt einen Zusammenhang mit dem Konzept der Selbstwirksamkeit, das ein zentrales Element der sogenannten sozialen Lerntheorie ist (Bandura, 1986). Der Begründer dieser Theorie, der kanadische Psychologe Albert Bandura (1997), fand heraus, dass Menschen, die an sich und ihre Fähigkeiten glauben, sich stärker in ihre Aufgaben einbringen, länger durchhalten und immer wieder neue Impulse setzen. Wer sagen und auch fühlen kann: »Ich bekomme das hin«, glaubt an sich selbst. Selbstwirksamkeit ist also die Überzeugung, eine bestimmte Situation erfolgreich bewältigen zu können, das Gefühl für das eigene Können. Selbstwirksamkeit als Glaube an sich selbst beeinflusst die Wahrnehmung von Situationen, die Motivation und die Leistung. Wir stark diese Überzeugung ausgeprägt ist, hängt mit den Erfahrungen zusammen, die wir im Lauf unseres Lebens gemacht haben, und auch mit der Vorstellungskraft, mit der unser Gehirn uns Bilder davon vermittelt, wie wir es tatsächlich hinbekommen.

Stellt sich das positive Gefühl der Selbstwirksamkeit ein, so begeistern wir uns für unser Vorhaben, stellen wir uns dieser Situation, erzielen in den meisten Fällen Erfolge und können unsere Fähigkeiten dann wiederum auch auf neue Situationen übertragen. Wenn wir uns dagegen den an uns gestellten Herausforderungen nicht gewachsen fühlen, so gehen wir ihnen aus dem Weg, selbst wenn wir über die Fähigkeiten zur erfolgreichen Bewältigung verfügen. Wir brechen dann Handlungen ab oder bringen sie nicht erfolgreich zu Ende, weil wir glauben, dass uns das Nötigste fehlt.

Mithilfe des lösungsorientierten Ansatzes können wir an dem Glauben an uns selbst arbeiten.

Lösungs- oder problemfokussiert? Die Unterschiede

Wir können entweder problemorientiert oder lösungsorientiert an herausfordernde Situationen herangehen. Es liegt ganz bei uns. Die größten Unterschiede zwischen der Lösungsorientierung und der Problemfokussierung (nach Jackson & McKergow, 2002, S. 7) erkennen Sie an folgenden Aspekten und Aussagen:

- **Problemorientiert – Fokus liegt auf der Vergangenheit:** »Früher war das ja alles besser!«, »Das hatten wir noch nie so!«, »Das haben wir immer schon so gemacht.«
  Lösungsorientiert – Fokus ist auf die Zukunft gerichtet: »Wie sieht denn das Leben aus, wenn wir das Problem erfolgreich gemeistert haben?«

- **Problemorientiert – Was läuft falsch?:** »Die machen das ja total verkehrt! Wie kann man nur so vorgehen?«, »Oh je, das ist ja schrecklich. Wie furchtbar!«
  Lösungsorientiert – Was funktioniert?: »Was funktioniert denn ganz gut und kann deshalb beibehalten oder sogar ausgebaut werden?«
- **Problemorientiert – Ursachensuche/Schuldfrage:** »Wer war das? Wer ist daran schuld?«, »Warum haben wir ein so schlechtes Ergebnis erzielt?«
  Lösungsorientiert – Fokus auf Fortschritt: »Wie schaffen wir es, dass ein Stück besser wird?«, »An welchen Schrauben können wir drehen?«
- **Problemorientiert – Kontrollieren:** »Was genau sind die Ergebnisse?«, »Wie konnte es zu den Abweichungen kommen? Bitte rechtfertigen Sie das!«
  Lösungsorientiert – Beeinflussen: »Wie können wir es schaffen, dass die Ergebnisse besser werden? Wer hat eine Idee?«
- **Problemorientiert – Ungefragt erteilte Ratschläge/Expertenstatus ausspielen:** »Passen Sie mal auf, machen Sie Folgendes ...«, »Wenn ich Sie wäre, dann ...«, »Das läuft hier nicht so! Das geht so: ...«
  Lösungsorientiert – Fokus auf Zusammenarbeit: »Willst du mit mir zusammen daran arbeiten, dass es besser wird?«, »Was ist deine Idee dazu?«

- **Problemorientiert – Fokus auf den Defiziten/Schwächen:** »Welches Problem hast du?«, »Was muss passieren, damit die Zahlen nicht mehr so schlecht sind?«
  Lösungsorientiert – Fokus auf Ressourcen, Fähigkeiten: »Welche Fähigkeit brauchst du noch stärker, um deine Ziele zu erreichen?«, »Was hältst du für machbar? Mit welcher Fähigkeit kommen wir einen Schritt weiter?«
- **Problemorientiert – Kompliziert:** »Lass uns ein Projekt daraus machen. Entwickle dafür bitte erst einmal einen Projektplan mit einer Stakeholder-Analyse!«
  Lösungsorientiert – Einfach: »Was ist dein erster Schritt?«, »Was kannst du anders denken?«, »Welche Aktion wird zu welchem Ergebnis führen?«, »Bis wann schaffst du das?«
- **Problemorientiert – Definitionen:** »Was verstehst du unter Stress?«
  Lösungsorientiert – Aktionen: »Woran erkennst du, dass du deinen Stress erfolgreich bewältigt hast?«

Auf einen Blick: Weg vom Negativen – hin zur Lösung

- Konzentrieren wir uns auf ein Problem, wird es größer und größer. Wir geraten unter Stress und finden in diesem Denken verhaftet keinen Zugang mehr zur Lösung. Wer lösungsorientiert denkt, besinnt sich auf das, was funktioniert, auf seine Ressourcen und Stärken.
- Wege aus diesem negativen Gedankenkarussell führen über das lösungsorientierte Denken.
- Der lösungsorientierte Ansatz hat seine Ursprünge in der Psychologie und hier vor allem in der Familientherapie. Seine Prinzipien helfen jedoch nicht nur im Privatleben, sondern auch in anderen Lebensbereichen, so auch im Beruf und Job.

Von der Vergangenheit für die Zukunft lernen

Aus unserer Vergangenheit können wir viel Positives für die Zukunft ziehen. Schauen wir genau hin, entdecken wir in unserer Geschichte viele Erfolgserlebnisse – kleine und große. Sie helfen uns dabei, lösungsorientiert nach vorne zu schauen.

In diesem Kapitel erfahren Sie unter anderem,

- warum wir uns das Leben oft unnötig schwer machen,
- wie Sie die Sternstunden Ihres Lebens herausarbeiten,
- wie Sie Ihre Potenziale und Ressourcen entdecken.

Hinderliche Glaubenssätze und Erfahrungen

»Ich kann das (nicht)!«, oder: »Das gehört sich (nicht)!«, »Man lobt sich nicht selbst!«, »Der Teller wird leer gegessen!«, und viele andere dieser Überzeugungen sind von unserer Kindheit an fest in uns verankert. Wir befolgen solche Glaubenssätze, die wir von unseren Eltern oder sogar noch von unseren Großeltern übernommen haben, mehr oder minder unterbewusst auch noch im Erwachsenenalter, ohne sie groß zu reflektieren und zu hinterfragen. Sätze wie diese machen zwar das Leben leichter, weil sie uns Orientierung geben, können aber gleichzeitig negative Konsequenzen für unser Selbstbild, unsere Selbstsicherheit und unser Selbstwertgefühl oder auch, wie im letzten Fall, für unsere Figur haben.

Wie fest solche Überzeugungen in uns verankert sein können, wird anhand eines Beispiels des Psychologen Richard Bandler deutlich. Es handelt von einer Klientin, die wegen ihres mangelnden Selbstbewusstseins zu ihm kam.

BEISPIEL: BANDLER UND DIE FRAU OHNE SELBSTVERTRAUEN

Bandler begann mit der Frage: »Gab es jemals eine Zeit, zu der Sie Selbstbewusstsein hatten?«

Sie: »Nein!«

Er: »Sie wollen mir erzählen, dass Sie sich niemals in Ihrem ganzen Leben selbst vertraut haben?«

Sie: »Richtig!«

Er: »Nicht bei einer einzigen Gelegenheit?«

Sie: »Nein!«

Er: »Sind Sie sich da ganz sicher?«

Sie: »Ja, absolut!«

Diese Geschichte zeigt: Wir wissen häufig gar nicht, was wir können, weil wir nie gelernt haben, die guten Dinge, unsere Ressourcen und Fähigkeiten zu analysieren. Stattdessen konzentrieren wir uns auf all das Negative und auf unsere »Schwächen«. Wenn es um uns selbst geht, sind wir manchmal von negativen Überzeugungen geprägt: »Das kann ich nicht!«, oder: »Das schaffe ich nicht!« Diese Glaubenssätze tragen wir wie Pakete mit uns, die uns beschweren und uns zum Stolpern bringen. Wir haben also unpassende Strategien verinnerlicht, wie wir mit Problemen und Schwierigkeiten umgehen.

Wagen Sie den Perspektivwechsel und richten Sie Ihren Blick in eine andere Richtung, dann stellen sich allmählich andere Einstellungen und Gefühle ein: Schauen Sie auf all die guten Erfahrungen, die Sie in Ihrem Leben gemacht haben. Denn in unseren Erfahrungen sind sehr viele Informationen und Fähigkeiten enthalten, die wir entdecken und für die Gegenwart nutzen können.

> Lernidee Nr. 4: Was können Sie alles? Was fällt Ihnen leicht? Schreiben Sie all Ihre Stärken auf. Fragen Sie auch andere, was sie an Ihnen gut finden!

Potenziale entdecken mit der Sternstunden-Analyse

Lösungsorientierte Gesprächspartner helfen uns in schwierigen Situationen dabei, unseren Blick in Richtung Lösung zu wenden – und nicht etwa unsere Probleme und Schwächen zu vertiefen, die wir ohnehin bereits allzu gut kennen. Auch wir selbst können ganz für uns alleine eine lösungsorientierte Perspektive einnehmen. Doch wie funktioniert das genau?

Ein Weg, der in die Lösungsorientierung führt, ist die sogenannte Sternstunden-Analyse. Dazu gehen Sie in die Vergangenheit zurück, um eine Ihrer Sternstunden zu analysieren. Zu diesen Sternstunden Ihres Lebens zählen alle Situationen, in denen Sie mithilfe verschiedener Fähigkeiten eine Herausforderung erfolgreich bewältigt haben. Die meisten Menschen haben unglaublich viele dieser Sternstunden erlebt.

Rufen Sie sich eine solche Situation ins Gedächtnis und die damit verbundenen Emotionen wie Stolz und Freude, weckt das in Ihnen die angenehmen Gefühle, die man in einem lösungsorientierten Zustand empfindet.

> Lernidee Nr. 5: Analysieren Sie die Sternstunden in Ihrer Biografie und führen Sie sich vor Augen, welche Ihrer Fähigkeiten zu Ihrem Erfolg beigetragen haben.

Wie die Sternstunden-Analyse funktioniert

Die Sternstunden-Analyse ist ganz einfach, wenn Sie nach folgendem Schema vorgehen.

1. Sie stehen vor einer Herausforderung oder Schwierigkeit? Geben und nehmen Sie sich die Zeit, eine ähnliche Situation zu erinnern, die Sie mit Erfolg bewältigt haben. Fragen Sie sich: »Gab es schon einmal eine vergleichbare Situation, egal ob beruflich oder privat, die ich erfolgreich gemeistert habe?«

2. Rufen Sie sich das Erfolgserlebnis genau in Erinnerung. Beschreiben Sie die Situation ganz konkret wie eine Filmszene. Lassen Sie sich dazu von folgenden Fragen leiten: Wie fing alles an? Was passierte dann? Was haben Sie gemacht? Was haben Sie gesagt? Wie haben Sie sich dabei gefühlt? Und dann? Wie endete es?
3. Erinnern Sie sich nun an die Fähigkeiten, die Sie in dieser konkreten Situation eingesetzt haben, um die Herausforderung zu meistern: Was waren die wichtigsten Fähigkeiten, die Sie damals gezeigt haben?
4. Übertragen Sie dies alles auf die Gegenwart: Wie können Sie diese Vorgehensweise und Ihre Fähigkeiten nutzen, um mit der aktuellen Situation besser zurechtzukommen?

Diese Technik lässt sich in unzähligen Situationen anwenden. So beispielsweise, wenn Sie

- Stress haben und mehr innere Ruhe benötigen,
- künftig weniger wiegen wollen und dazu mehr Selbstkontrolle brauchen,
- nicht mehr so viel klagen und mehr Lebenslust spüren wollen,
- die Nase voll haben von dem Ärger mit Ihrem Kollegen und ihm Feedback geben wollen,
- die Beziehung zu ihren Liebsten verbessern wollen,
- ein Gespräch über eine Gehaltserhöhung vor sich haben.

Wie hilfreich die Analyse vor allem auch im Job ist, zeigen die folgenden Beispiele des Coachs Gerd Conradt.

Umsatzsteigerung im Callcenter

Vor einigen Jahren bat mich ein Abteilungsleiter in einem großen DAX-Unternehmen, ihn bei seinem Gespräch mit der Chefin eines 15-köpfigen Callcenter-Teams zu begleiten. Er wollte mit ihr die Vertriebsergebnisse der letzten Woche diskutieren. Das Gespräch fand am Ende eines langen Tisches um 12 Uhr in der gut besuchten Kantine des Unternehmens statt. Die Teamleiterin kam herein. Sie war circa 1,65 Meter groß und Mitte 40. Der Abteilungsleiter, ein ehemaliger Handball-Bundesligaspieler, 2 Meter groß und gefühlt auch 2 Meter breit, begann das Meeting mit den Worten: »Hallo Frau Schmitz, darf ich vorstellen? Das ist mein Coach. Er begleitet uns in diesem Gespräch und gibt mir nachher Rückmeldung über unsere Gesprächsführung.« Sie sah mich erstaunt an. Die Dame war wohl vorher nicht über meine Anwesenheit informiert worden.

»Ich habe Sie zu dem Gespräch gebeten, weil ich Ihre Zahlen auf dem Tisch liegen habe«, fuhr der Abteilungsleiter fort. »Vorletzte Woche haben Sie 14 Smartphones verkauft, letzte Woche nur sechs Stück, was war los?« Die Teamleiterin sprach von ein paar Krankheitsfällen und ähnlichen Hindernissen – alles Gründe, die den Abteilungsleiter sichtlich nicht zufriedenstellten. »Und wie wollen Sie das Problem in den Griff kriegen?«, war seine letzte Frage. Nach den Vorschlägen seiner Mitarbeiterin beendete er das Gespräch mit den Worten: »Na, dann wollen wir mal sehen!« Die Teamleiterin erhob sich und verließ die Kantine gesenkten Hauptes, nun mehr anscheinend nur noch 1,50 Meter groß. Der Abteilungsleiter schaute mich erwartungsvoll an.

Ich fragte ihn: »Was war das Ziel Ihres Gesprächs?«

Er antwortete: »Ich wollte sie motivieren!«

Ich: »Und, hat das geklappt?«

Er: »Nicht so richtig!«

Ich: »Sie haben sich viel Mühe gegeben und einige gute Fragen gestellt – aber Sie haben einen Fehler gemacht!«

Er: »Welchen?«

Ich: »Sie haben sich die falsche Woche ausgesucht!« ... Pause ... Ich erklärte ihm daraufhin die Sternstunden-Analyse und übertrug sie auf die Situation: »Schauen Sie, in der Woche, in der Ihre Kollegin mit Ihrem Team 14 Smartphones verkauft hat, war alles drin, was sie jetzt wieder braucht: viele Erfolge, Feiern der Erfolge, gute Stimmung, nützliche Strategien, die wir nicht näher kennen, weil nicht darüber gesprochen wurde. Dabei müsste sie wahrscheinlich nur das Gleiche machen wie in der vorletzten Woche. Hätte das Gespräch diese Richtung genommen, wäre es wahrscheinlich tatsächlich motivierend gewesen.« Der Abteilungsleiter nickte und sagte: »Das verstehe ich!«

Das Handball-Team

Der Abteilungsleiter hatte noch ein weiteres Anliegen, das er mit mir besprechen wollte: »Ich habe eine weitere Frage. Ich bin Präsident eines Handballvereins. Wir sind nach fünf Niederlagen zum Saisonstart Tabellenletzter, und ich habe den Trainer entlassen müssen, weil ihm die Mannschaft nicht mehr gefolgt ist. In zwei Tagen werde ich das Team selbst trainieren, und am Samstag spielen wir gegen den Tabellenvorletzten. Was kann ich in so einer Situation machen?« Ich erwiderte: »Können Sie die Technik der Sternstunden-Analyse vielleicht auch für den Spieltag nutzen?«

Zwei Wochen später rief er mich zu sich und sagte: »Die Technik hat funktioniert!« Ich fragte neugierig: »Was genau haben Sie gemacht?«, und der Abteilungsleiter erzählte: »Am Donnerstag habe ich meinen Jungs nach dem Training gesagt, dass sie am Samstag alle eine Stunde früher kommen sollen. Jeder sollte eine Erfolgsgeschichte aus seinem Leben mitbringen, wie er z. B.:

- schon mal dabei geholfen hat, ein Spiel zu drehen,
- es mit seinem Team geschafft hat, einen Abstieg zu vermeiden,
- dazu beigetragen hat, doch noch aufzusteigen, obwohl es wirklich nicht danach aussah, oder
- wie er es geschafft hat, die Telefonnummer seiner Herzensdame zu bekommen.«

»Und, was war das Ergebnis?«, fragte ich. »Die Stimmung in der Kabine war bei den Erzählungen gelöst und positiv, die Jungs hatten vor Augen, dass sie Gewinner sind. Zur Pause führten wir mit sechs Toren, am Ende gewannen wir mit elf Toren Vorsprung! Damit haben wir die Abstiegsgefahr verringert und können jetzt ganz in Ruhe einen neuen Trainer suchen«. »Wow, was für ein Ergebnis«, sagte ich zu ihm, »herzlichen Glückwunsch!«

> Erfolge Ihrer Vergangenheit versetzen Sie nicht nur in eine lösungsorientierte Stimmung für Ihre Vorhaben in der Zukunft. Sie stärken damit auch gleichzeitig Ihre Selbstwirksamkeit, Ihre Hoffnung und Ihren Optimismus (siehe hierzu näher das Kapitel »Psychologisches Kapital entwickeln und nutzen«).

Die Arbeit an der eigenen Biografie

Die sogenannte Biografie-Arbeit ist eine nützliche Technik, um sich die Erfolge in Ihrem Leben im wahrsten Sinne des Wortes vor Augen zu führen. Legen Sie sich ein großes Blatt, z.B. eine weiße Tapetenbahn oder ein Flipchart-Blatt, und zwei Stifte verschiedener Farbe bereit. Zeichnen Sie auf das Papier ein großes Diagramm: die horizontale Achse symbolisiert Ihre Lebensjahre, die senkrechte Achse Ihre Erfolge. Ganz oben steht +5 für »sehr großer Erfolg«. –5 ganz unten auf der Achse steht für »gefühlt sehr wenig Erfolg«. Tragen Sie nun in das Diagrammfeld die wesentlichen beruflichen Stationen in Ihrem Leben auf der Höhe des richtigen Alters ein: Grundschule, Schulabschluss, Berufsanfang, Job 1, Job 2 etc.

Wo auf der Y-Achse verorten Sie Ihren Erfolg bei den einzelnen Stationen? Setzen Sie bei den Stationen Punkte in entsprechender Höhe und verbinden Sie die Punkte anschließend zu einer Linie. Nehmen Sie nun einen andersfarbigen Stift zur Hand und verfahren Sie ebenso mit den Stationen in Ihrem Privatleben.

Auf diese Weise erstellen Sie Ihre ganz persönliche Erfolgsbiografie. Schauen Sie sich, nachdem Sie die Arbeit daran beendet haben, Ihre Erfolgslinien intensiv an und reflektieren Sie sie mithilfe der folgenden lösungsorientierten Fragen:

- Wenn die Linie ansteigt: Was war mein Beitrag dazu? Welche Fähigkeiten habe ich hier gezeigt?
- Wenn die Linie auf einem Niveau bleibt: Wie habe ich es geschafft, das Niveau zu halten und nicht abzufallen?
- Wenn die Linie abfällt: Was habe ich daraus gelernt? Welche Konsequenzen habe ich für mich daraus gezogen? Wie denke ich mit Abstand aus heutiger Sicht über die damalige Situation?

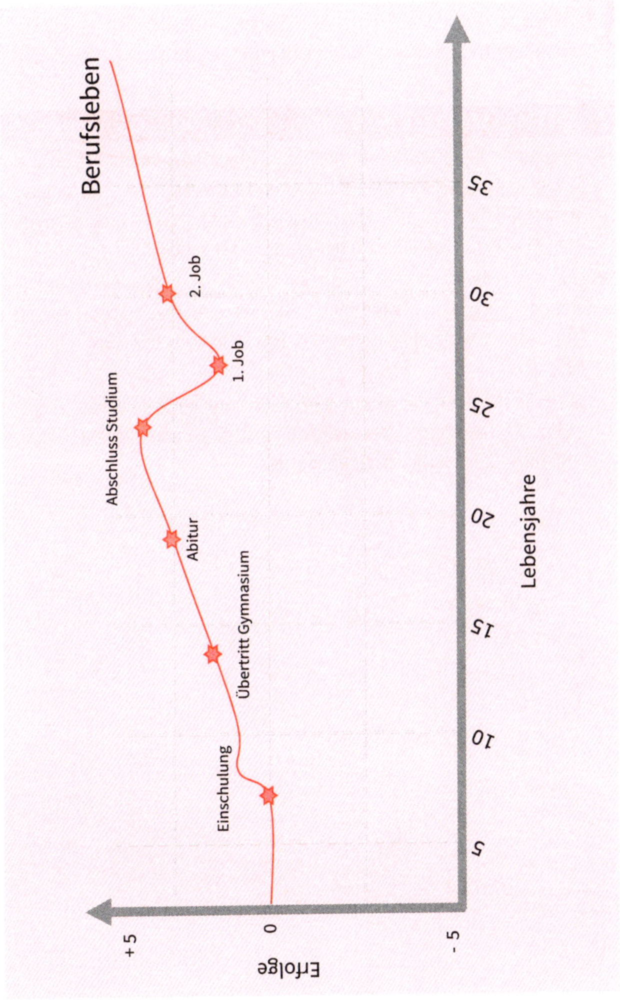

Erfolgsbiografie: Ein Beispiel für das Berufsleben

> Lernidee Nr. 6: Ziehen Sie aus den Ereignissen der Vergangenheit die Kompetenzen für Ihre Gegenwart und Ihre Zukunft.

Auf einen Blick: Von der Vergangenheit für die Zukunft lernen

- Viele Menschen haben nicht gelernt, sich auf die guten Dinge im Leben, ihre Ressourcen und Fähigkeiten zu konzentrieren. Sie haben in ihrer Kindheit negative Überzeugungen verinnerlicht, Programmierungen wie »Das schaffe ich nie«, oder: »Das kann ich nicht.«
- Eine Möglichkeit, den Fokus von den Schwächen umzulenken auf die eigenen Stärken und Potenziale, ist die Sternstunden-Analyse. Sie hilft dabei, sich darauf zu besinnen, was man im Leben alles schon geschafft hat.
- Auch die Arbeit an der eigenen Biografie unterstützt darin, sich die eigene Selbstwirksamkeit in Erinnerung zu rufen und negative Glaubenssätze Stück für Stück zu entkräften.

Lösungsorientiert kommunizieren

Kennen Sie das auch? Sie haben ein Problem und Ihr Kollege, Chef oder Partner gibt Ihnen einen Rat nach dem anderen, von denen jedoch keiner so wirklich passt. Nach der Unterhaltung ist Ihr Problem noch genauso groß, eine Lösung ist nicht in Sicht.

In diesem Kapitel erfahren Sie unter anderem,

- wie Sie andere mit den richtigen Fragen zur passenden Lösung leiten,
- was es mit der 3-W-Technik auf sich hat,
- warum jedes Wort zählt,
- warum gute Gesprächspartner immer auch gute Zuhörer sind.

Die Macht der Fragen

Können Sie sich noch an Ihre Schulzeit erinnern? Beamen Sie sich zurück und stellen Sie sich vor, Sie kommen von der Schule nach Hause und bringen eine Eins in Mathematik mit und eine Fünf in Geschichte. Wofür interessieren sich die Eltern mehr: für die Eins oder die Fünf? Welche Zensur wird mehr analysiert? Sie ahnen es schon und machen es bei Ihren Kindern vielleicht heute selbst genauso: Es dreht sich alles um die schlechte Note. Und auch im Berufsleben ist es nicht anders, wenn mal etwas schiefgelaufen ist: Jeder beschäftigt sich mit der Suche nach den Ursachen für den Fehler oder das Problem, entwickelt in Gedanken Ratschläge und teilt sie dem anderen ungefragt mit.

Wenig hilfreich: Warum-Fragen

Meist wird bei solchen Anlässen besonders gerne die Frage nach dem Warum gestellt: »Warum ist es schiefgelaufen?«, »Warum hast du nichts getan?«, oder: »Warum hast du das so und nicht anders gemacht?«. Doch Warum-Fragen haben drei entscheidende Nachteile:

Werden wir nach dem Warum gefragt, fängt unser Gehirn erst einmal zu arbeiten und geht auf Ursachensuche. Es muss die Antwort meist mühsam konstruieren.

BEISPIEL: AUF DER SUCHE NACH DEN GRÜNDEN

Ihr Partner fragt Sie: »Warum hast du schon wieder vergessen, was du einkaufen solltest?« In Ihnen beginnt es zu arbeiten. Sie denken darüber nach, warum Sie sich nicht daran erinnert haben: War es vielleicht nicht wichtig genug für Sie? Waren Sie unkonzentriert? Haben Sie nicht richtig zugehört? Oder haben Sie es vergessen, weil Sie generell ziemlich vergesslich sind? Weil der andere zu schnell gesprochen hat? Weil Sie geträumt haben? ... Was jetzt genau war die Ursache?

- Bei der Konstruktion der Antwort bemüht sich der Befragte darum, dass sein Gegenüber die Antworten akzeptiert und dass er »heil aus der Nummer rauskommt«. Es spielen hierbei also auch strategische Faktoren eine Rolle, so beispielsweise, welche Antwort sozial erwünscht ist. Oft geht dies jedoch an der tatsächlichen Situation vorbei.
- Warum-Fragen haben oft Verhörcharakter und bringen uns in eine Abwehrhaltung. Sie verbreiten deshalb eine negative Stimmung, und diese trägt nicht zum Entwickeln kreativer Lösungsansätze bei.

> Lernidee Nr. 7: Wenn etwas schiefgegangen ist, stellen Sie keine Warum-Fragen – weder anderen noch sich selbst!

Kommen wir zur Verdeutlichung der Nachteile auf das Beispiel mit den Noten zurück. Bei konsequenter Beantwortung der »Warum hast du eine Fünf?«-Frage eröffnet sich für den Nachwuchs folgendes Antworten-Spektrum:

- Weil ich dumm bin!
- Weil ich faul bin!
- Weil ich die Schule, den Lehrer oder das Fach hasse!
- Weil ich schlechte Gene habe! (Eine clevere, aber nicht ganz ungefährliche Antwort.)

Und jetzt? Was ist damit gewonnen? Gar nichts! Im Gegenteil – vielleicht wird beim Befragten dadurch sogar noch ein negatives Selbstbild gefestigt: »Ich kann gar nichts. Aus mir wird nix. Das ist einfach nichts für mich! Ich bin schlecht. Ich bin zu dumm dafür.«

Doch die größten Fehler, die wir begehen, wenn wir Warum-Fragen zu einem Defizit-Erlebnis stellen, sind, dass wir

- das analysieren, was wir gar nicht haben wollen,
- den Fokus auf etwas legen, was künftig nicht mehr so sein soll.

> Lernidee Nr. 8: Überlegen Sie – wann und wem stellen Sie selbst Warum-Fragen? Wie gehen andere damit um?

Sie versuchen damit zu ergründen, wie es zu dem Problem gekommen ist. Sie verschwenden Zeit damit, herauszufinden, wie etwas entstanden ist, was Sie nicht wollen, um dann Ideen zu entwickeln, was der andere anders machen könnte. Sie versorgen ihn mit guten Rat- oder Vorschlägen. Sie denken, Sie müssten das so machen – denn Sie kennen häufig keinen anderen Weg!

Ihr Gesprächspartner wünscht sich währenddessen woandershin und wartet, bis dieses entwürdigende Szenario vorbei ist, sagt Ja und Amen zu den Vorschlägen, nicht weil sie gut sind, sondern damit die Situation endlich vorbeigeht – weil das Kreisen um das Problem mit bohrenden Warum-Fragen weh tut und kleinmacht.

Lernidee Nr. 9: Analysieren Sie das, was funktioniert - nicht das, was nicht funktioniert!

Viel besser: lösungsorientierte Fragen

Doch es geht auch anders, leichter und besser sogar. Wie wäre es denn damit, zur Abwechslung mal das Positive zu analysieren?

Kommen wir noch einmal zum Notenbeispiel zurück, um zu sehen, wie so etwas funktionieren kann. Die Eltern könnten fragen: »Was wollen wir analysieren, deine Eins in Mathematik oder deine Fünf in Geschichte?« Sie ahnen die Antwort: Das Kind wird sich natürlich gerne die Arbeit anschauen, auf die es stolz ist. »Wie hast du es denn geschafft, die Eins zu schreiben?« »Keine Ahnung!« »Okay, dann schauen wir uns das mal näher an ...«

- A - das Fach: »Wie findest du das? Wie leicht fällt dir das?«
- B - den Lehrer: »Wie gut kann er vermitteln? Wie sehr magst du ihn? Kann man in seinem Unterricht gut spicken?«
- C - das Pfuschen: »Wo sitzt du? Neben wem? Wie ist dein Sitznachbar so? Kann man gut bei ihm abschreiben?«
- D - die Vorbereitung: »Wie viele Stunden hast du dich vorbereitet? Wie? Auch mit anderen?«
- E - Zuschreibung des Erfolgs/Aufbau von Selbstbewusstsein: »Wie erklärst du dir deinen Erfolg?«
- F - Übertragung: »Und was davon kannst du jetzt auf das Fach Geschichte übertragen, damit die Note nächstes Mal besser wird?«

So lässt sich ein Gespräch in guter Stimmung führen, bei dem die Lösungsansätze von demjenigen kommen, der auch für die Umsetzung verantwortlich ist. Wer auf diese Weise lösungsorientiert durch ein Gespräch geleitet wird, findet selbst eine Lösung, was er demnächst anders machen wird, und stimmt nicht nur einem Vorschlag zu, um der Situation zu entkommen. Es entwickelt sich somit eine Lösungsidee, die vor allem von demjenigen getragen wird, der sie dann auch nachher umsetzen will beziehungsweise soll.

Jeder muss seine eigene Lösung finden

Eltern wie Führungskräfte ernten häufig mit ihren Vorschlägen ein »Nein, das geht nicht!«, was sie wütend machen kann, weil sie ja selbst davon überzeugt sind, dass ihre Lösung zum gewünschten Erfolg führt. Doch nicht jede Lösung funktioniert bei jedem gleichermaßen. Oft ist es auch eine Frage der individuellen Kompetenzen, ob der aufgezeigte Weg für die entsprechende Person geeignet ist oder nicht. So hat vielleicht der Ratgebende mehr Wissen, Selbstvertrauen, Lebenserfahrung und andere Fähigkeiten, die für den Erfolg hilfreich sein können, oder er schätzt die Situation des anderen falsch ein, weil er ganz eigene Bilder im Kopf hat, die nicht diejenigen der anderen Person sein müssen (siehe hierzu auch das Prinzip der Konstruktivität in Kapitel »Lösungsorientierte Prinzipien«).

Daher sollten Sie anderen nicht Ihre Ideen und Vorschläge »überstülpen«, sondern Ihren Gesprächspartnern dabei helfen, ihre eigenen Fähigkeiten zu entwickeln, um erfolgreicher zu werden. Der Königsweg dazu sind lösungsorientierte Fragen.

> Lernidee Nr. 10: Helfen Sie anderen dabei, ihre Lösungen selbst zu finden. Kommt die Lösungsidee von demjenigen, der das Anliegen hat, steigt die Wahrscheinlichkeit für eine erfolgreiche Veränderung.

Sinn und Verständnis stiften mit Fragen

Im Zusammenleben oder -arbeiten prallen oft unterschiedliche Vorstellungen aufeinander. Wir kennen das alle aus den verschiedenen Bereichen des Lebens:

- Wer hat das Anliegen, dass das Kinderzimmer aufgeräumt wird? Die Eltern – und nicht die Kinder!
- Wer ist im Berufsleben in der Regel nicht zufrieden mit dem Umsatz? Das Management – und nicht die Mitarbeiter!

Wenn Eltern und Führungskräfte dann ihre Beeinflussungsversuche starten, kommen häufig die alten Mechanismen der Lernpsychologie zum Tragen: Belohnung und Bestrafung. »Wenn du das machst, dann bekommst du ...«, oder: »Wenn du das noch mal machst, dann gibt es eine Bestrafung!« Aber wer hat schon Lust auf Bedrohung? Und welche langfristige Wirkung hat es auf einen Menschen, wenn er so erzogen wird, dass er nur mitmacht oder mitdenkt, wenn für ihn selbst etwas dabei herausspringt?

Aber wie kann ich Menschen dabei helfen, sich selbst nachhaltig zu verändern, oder etwas anzustreben, was sie bisher nicht in Betracht gezogen haben? Die Antwort darauf lautet: Nur wenn ich andere durch gute Fragen zu einer inneren Einsicht führe, wenn sie verstehen, worum es geht, wenn es für sie Sinn macht oder die Vorteile die Nachteile überwiegen, dann verändern sie sich von innen.

Für all das braucht es jedoch ein Gespräch auf Augenhöhe und keine Anordnungen von oben. Häufig reicht es schon aus, gemeinsam herauszufinden, was funktioniert – und dann mehr davon zu machen.

BEISPIEL: DER GESTRESSTE KOLLEGE

Sie treffen in der Kantine einen Kollegen. Er erzählt: »Letzte Woche war die Hölle los, an vier von fünf Tagen war es total stressig …« Wie würden Sie jetzt interessiert nachfragen? Sie können natürlich mehr von den stressigen Tagen erfahren und damit in Ihrem Kollegen die gleiche Stimmung auslösen, in der er in den vier Stresstagen war – und sich von seiner schlechten Stimmung anstecken lassen. Oder Sie fragen: »Was war am fünften Tag anders? Was davon kannst du beeinflussen?«.

Und genau das ist der lösungsorientierte Ansatz, mit dem Sie herausfinden können, was funktioniert, um dann zu empfehlen, mehr davon zu machen. Es macht sehr viel Freude, die Verblüffung bei den anderen zu bemerken, wenn Sie so eine lösungsorientieret Frage stellen. Viele sagen spontan: »Gute Frage«, weil sie es so empfinden und darauf noch keine Antwort haben. Mit solchen Fragen helfen wir Menschen herauszufinden, was sie ein Stück weit glücklich und zufrieden macht. Gibt es Schöneres?

Bewältigungsfragen

Es gibt Fragen, die Sie dazu nutzen können, den Ist-Zustand Ihres Gesprächspartners aus lösungsorientierter Sicht kennenzulernen. Sie lenken den Blick Ihres Gegenübers auf Lösungswege und Bewältigungsstrategien und fort von der Einstellung, wie schlimm und problematisch alles ist. Dazu gehört, dass Sie Ihrem Gesprächspartner verdeutlichen, dass er einen Einfluss auf die Situation hat und dass er allein entscheidet, wie er darüber denkt. Fragen dieser Art unterstützen den Übergang vom Klagen und Lamentieren hin zum aktiven Bewältigen einer schwierigen Situation.

Sie könnten den gestressten Kollegen beispielsweise fragen:

- »Wie hast du es geschafft, dass sich die Situation nicht weiter verschlimmert?«
- »Wie gelingt es dir, dabei zu bleiben und so viel Energie zu investieren?«
- »Wie schaffst du es, dass du dich so gut im Griff hast?«
- »Darf ich dir ein Kompliment machen? Du bist nicht kleinzukriegen! Andere hätten an deiner Stelle schon alles hingeschmissen. Wie kannst du das immer wieder durchstehen?«
- »Wie denkst du darüber, sodass deine Motivation trotz dieser Ereignisse immer noch so stark ist?«
- »Wie möchtest du am liebsten darüber denken?«
- »Was brauchst du dafür?«

Zukunftsfragen

Zukunftsfragen beschäftigen sich damit, wie das Leben aussieht, wenn ein Problem verschwunden ist. Sie können mithilfe dieser Art von Fragen herausfinden, was jemand im positiven Sinne anders haben möchte. Zukunftsfragen erzeugen Bilder im Gehirn, Visionen (im Lateinischen: videre = sehen). Das Einlassen auf eine echte Vision schafft Klarheit und Anziehungskraft. Eine Vision führt zudem zu mehr Freude, Leichtigkeit, und: sie kann erzählt werden. Dadurch entstehen bei anderen Menschen ebenfalls Bilder einer erfolgreichen, schönen und erstrebenswerten Zukunft.

> Vorfreude ist die schönste Freude. (Deutsches Sprichwort)

Klarheit darüber, welche Lösungen die angemessenen sind, gewinnen Sie am ehesten dadurch, dass Sie fragen, was Sie oder Ihr Gegenüber anders machen werden oder welche Dinge geschehen werden, sobald Sie sich vom Problem gelöst haben.

Visionäre Fragen

Visionäre Fragen können bewusst den unterschiedlichen Zeithorizonten Rechnung tragen:

- »Nehmen wir an, Sie haben die Aufgabe, einen Roman über Ihr Leben zu schreiben und zu einem Happy End zu bringen. Sie starten in der Gegenwart mit all Ihren Problemen. Was werden Sie schreiben? Wie werden Sie es am Ende geschafft haben, Ihr Leben zu diesem Erfolg zu führen?«

- »Angenommen, die Zukunft entwickelt sich in Ihrem Sinne, was wird in zwei Jahren in einem Artikel über Ihre Person in der Zeitung stehen?«
- »Stellen Sie sich doch bitte vor, Sie werden in sechs Monaten befördert. Womit werden Sie das verdient haben?«
- »Angenommen, Sie haben mit Ihrer Familie sehr gut gearbeitet, jeder an sich zum Wohle des gesamten Systems. Sie waren sehr erfolgreich. Beschreiben Sie mir bitte: Wie ist jetzt das Leben in Ihrer Familie?«

Die Vorstellung einer problemfreien Zukunft ist der Motivator für erfolgreiches Handeln. Die beste mir bekannte Technik zur Erzeugung dieser Vision ist die Wunderfrage. Lesen Sie die Wunderfrage am besten laut und lassen sie auf sich wirken.

Die Wunderfrage

Die Psychotherapeutin Insoo Kim Berg, die gemeinsam mit ihrem Mann Steve de Shazer die lösungsorientierte Kurzzeittherapie weiterentwickelte, arbeitete sehr gerne mit der sogenannten Wunderfrage. Nach der Einleitung: »Darf ich Ihnen jetzt eine ungewöhnliche Frage stellen?«, und dem Ja des Klienten fragte sie: »Angenommen, Sie gehen heute Abend ins Bett und während Sie schlafen geschieht ein Wunder. Das Anliegen, über das wir gerade gesprochen haben, ist wie durch ein Wunder verschwunden. Da Sie aber geschlafen haben, wissen Sie gar nicht, dass das Wunder geschehen ist! Wenn Sie also morgen früh aufwachen,

- ... woran werden Sie als Erstes merken, dass das Wunder geschehen ist?
- ... was ist dann anders als sonst?
- ... woran merken Sie als Nächstes, dass das Wunder geschehen ist?«

Mit der Wunderfrage steigen Menschen aus dem rationalen Denken aus und genießen die Zukunft frei von Gegenargumenten und Regeln. Sie spüren die angenehme Kraft und fühlen, wie sich ihre Wahrnehmung ändert: Die Vorstellung, aus einer erfolgreichen Zukunft heraus zurückzuschauen und zu erleben, wie man es geschafft hat, sich von dem Problem zu lösen, ist einfach wunderbar.

> Eine Freude vertreibt hundert Sorgen. (Japanisches Sprichwort)

Sicherlich kennen Sie die Metapher des halbvollen beziehungsweise des halbleeren Glases, die gerne genutzt wird, um unterschiedliche Einstellungen zu beschreiben. Lassen Sie mich dieses Bild hier noch ein wenig konkretisieren. Die Anhänger konventioneller Denkansätze schauen auf das halbleere Glas und bemängeln die Defizite. Detailliert wird auf das fokussiert, was fehlt. Wer lösungsorientiert in die Zukunft denkt, macht das Glas zunächst einmal randvoll, um sich an der Vorstellung zu laben, und schaut dann zurück, wie es dazu gekommen ist, das Glas zu füllen. Dabei werden Ressourcen und erfolgreiche

Strategien der Vergangenheit genau erkundet. Mit der Wunderfrage gelingt dies sehr gut.

Wenn Sie oder Ihre Gesprächspartner nicht an Wunder glauben, lassen Sie sich vom Psychologen Cauffman (2006, S. 108) inspirieren, der auf diesen Einwand antwortet: »Neither do I. Of course miracles don't exist, but suppose for a moment that they do. What would you do differently when you wake up?« Übersetzt: »Ich glaube auch nicht an Wunder. Aber lassen Sie uns für einen Moment annehmen, dass es möglich sei. Sie wachen auf an diesem Morgen: Was werden Sie anders denken und machen?«

Die Kino-Frage

Auch mit der sogenannten Kino-Frage gelingt es, das Bild einer angenehmen Zukunft zu erleben:

Stellen Sie sich bitte vor, Sie gehen ins Kino. Sie kaufen an der Kasse Ihre Eintrittskarte und all die Dinge, die für Sie zu einem Kinoerlebnis mit dazugehören: Getränke, Popcorn etc. Sie betreten den Kinosaal und setzen sich an Ihren Lieblingsplatz, auf einen roten sehr bequemen Sessel aus Plüsch und Samt. Das Licht wird heruntergedreht, der Vorhang zur Leinwand öffnet sich. Der Film beginnt. Sie schauen auf die Leinwand und ... Sie sehen sich, wie Sie in der Zukunft mit Ihrer aktuellen Situation, die Sie eben noch beschäftigt hat, sehr souverän umgehen.

- Was sehen Sie vor sich? Bitte erzählen Sie!
- Wo spielt der Film? Wer spielt noch mit?

- Was für eine Sorte Film ist es?
- Was machen Sie alles? Was können Sie alles?
- Was für eine Sorte Film ist es? Um welches Genre handelt es sich?
- Angenommen, Sie sind der Regisseur oder Produzent, wollen Sie noch etwas verändern?

Es muss natürlich kein Kinofilm sein. Die Frage lässt sich auch auf andere bewegte Szenen übertragen, z. B. ein Theaterstück, ein Konzert oder, je nach Hobby Ihres Gegenübers, auf eine andere als angenehm empfundene Situation.

»Angenommen, ...?« – die hypothetische Frage

Wenn Sie sich – vor allem im beruflichen Kontext – nicht trauen oder denken, es wäre nicht zielführend, über Wunder zu sprechen, können Sie auf das Wort »Wunder« verzichten und es ersetzen mit dem Begriff »Angenommen, ...«. Aus einer Wunderfrage wird dann eine hypothetische Frage. Mit einer solchen hypothetischen Frage, die »einfach mal davon ausgeht«, dass das Problem irgendwann verschwunden ist und stattdessen etwas anderes da ist, können wir uns ein angenehmes Bild der Zukunft schaffen.

Folgende Formulierungen können Sie dazu nutzen und nach Ihren eigenen Ideen abändern oder weiterentwickeln:

»Angenommen, wir treffen uns in einem Jahr wieder und unterhalten uns über das Thema und dass Sie es in den Griff bekommen haben,

- was erzählen Sie mir dann? Wie sieht der schöne Zustand aus?
- woran erkennen Sie, dass Sie Ihr Ziel erreicht haben?
- wer außer Ihnen hat es noch bemerkt und woran?
- was ist dann anders?«

Angenommen, Sie wollen sich auf ein Bewerbungsgespräch vorbereiten. Bücher zur Vorbereitung auf solch ein Interview gibt es unzählige. Sie enthalten jedoch leider meist nicht eine äußerst wichtige Frage, die Sie optimal auf das Bewerbungsverfahren einstimmen kann, nämlich: »Mal angenommen, das Gespräch ist wirklich richtig, richtig gut gelaufen, wie stellen Sie sich die Szene vor, wenn Sie den Raum verlassen? Sagt der Personalchef vielleicht: ›Herzlichen Dank für das Gespräch, wir kontaktieren Sie!‹ Nein, nein, das Gespräch ist wirklich gut gelaufen ... stellen Sie sich also ein noch besseres Happy-End-Bild vor. Der Personaler könnte beispielsweise sagen: ›Bitte entscheiden Sie sich für den Job – wir geben Ihnen auch 100 Euro mehr!‹ Und? Taucht ein Lächeln auf Ihren Lippen auf? Vielleicht geht es ja noch besser, noch optimistischer, leichter ...«

Das Happy-End-Bild, das Sie sich vorstellen, wann immer Sie eine schwierige Herausforderung vor sich haben, führt dazu, dass Sie in der konkreten Situation selbstbewusst(er) auf andere wirken und eine positive Ausstrahlung haben. Damit und mit einem festen Händedruck zu Beginn des Gesprächs unterscheiden Sie sich von 80 % Ihrer Mitbewerber und machen von Anfang an einen souveränen Eindruck!

> Lernidee Nr. 11: Starten Sie Ihre Vorhaben, indem Sie sich als Erstes ein Bild vom Happy End Ihres Anliegens machen!

Paradoxe Fragen

Paradoxe Fragen widersprechen jeder üblichen Logik und Vernunft. Mittels normaler Denkmuster sind sie nicht zu beantworten. Sie eignen sich vor allem in festgefahrenen Situationen, in denen man keinen Ausweg mehr sieht. Sie kitzeln überraschende Lösungen hervor, denn die Beschäftigung mit solchen Fragen aktiviert unser Unterbewusstsein.

BEISPIEL: PARADOXE FRAGEN

»Angenommen, Ihr Problem wäre morgen gelöst, wie könnten Sie das unangenehme Problem wiederherstellen?«

»Auf welche Weise könnten Sie Ihr Problem noch verschärfen?«

»Wenn Sie Ihr Problem nicht mehr haben, was bleibt Ihnen dann noch?«

»Wie könnten Sie sich am besten daran hindern, Ihr Ziel zu erreichen?«

Die zirkuläre Frage: Einladung zum Perspektivwechsel

Zirkuläre Fragen helfen dabei, die Perspektive zu wechseln und eine schwierige Situation einmal aus einem anderen Blickwinkel zu betrachten, so z.B. dem Blickwinkel von Menschen, Gegenständen oder sogar Tieren, welche die Auswirkungen unseres Verhaltens zu spüren bekommen. Dieser Wechsel hilft dabei, offener für verschiedene Erkenntnisse und Lösungswege zu werden, weil man Abstand zur eigenen Situation gewinnt. Mithilfe der zirkulären Fragen, auch Beziehungsfragen genannt, nutzen wir unsere mehr oder minder ausgeprägte Empathie, also die Fähigkeit, uns in das Denken und Fühlen anderer hineinzuversetzen.

Mal angenommen, Sie sind Filialleiter in einem Supermarkt und Ihr Mitarbeiter kümmert sich am Morgen nicht so um das Obst und das Gemüse, dass Sie mit dem Ergebnis zufrieden sind. Für gewöhnlich neigen wir spontan dazu, mit Wut oder Empörung zu reagieren, wenn jemand ein Verhalten zeigt, das eindeutig unter unseren Erwartungen liegt. Doch unserem Gegenüber Vorwürfe zu machen, bringt uns meist in der Lösung des Problems nicht weiter. Diese würden nur dessen Motivation und die Beziehung zu ihm beschädigen. Genau in solchen Situationen helfen Beziehungsfragen weiter.

Sie können Ihren Mitarbeiter beispielsweise fragen:

- Was denken wohl die Kunden, wenn sie das schmutzige Regal sehen und die gammligen Tomaten?
- Was denken unsere Kunden dann wohl von uns Mitarbeitern? Was denken sie von mir als Filialleiter?
- Und haben die Kunden dann noch große Lust auf den Frischebereich?

Beantworten Sie Ihre Fragen nicht selbst. Die Antworten sollten alle vom Gesprächspartner kommen, denn damit entwickelt dieser ein Bewusstsein für die Auswirkungen des eigenen Handelns, ein eigenverantwortliches Denken.

> Lernidee Nr. 12: Nutzen Sie Beziehungsfragen, um Ihren Gesprächspartner nachdenklich zu machen!

Rollentausch

Die Frage nach dem Perspektivwechsel zeigt beim anderen keine Wirkung? Es gibt noch eine Steigerungsform: Laden Sie ihn zum Rollentausch ein.

Zurück zum Beispiel: Bitten Sie etwa den Mitarbeiter, einmal als Kunde durch den Markt zu gehen und an die Tomaten zu greifen und deren Haut zu fühlen. Fragen Sie ihn nach diesem Experiment: Was geht ihm als Kunde durch den Kopf? Oder Sie teilen ihm für eine Viertelstunde die Rolle des regionalen Vertriebsleiters zu, der ab und zu unangekündigt den Markt besichtigt und kontrolliert. Regen Sie die Phantasie des anderen mit Fragen nach der Rolle an: Was wird er als Vertriebsleiter wohl als Erstes mit dem Filialleiter machen, wie würde er sich mit ihm als Mitarbeiter unterhalten?

Die verschiedenen Stühle

Noch besser und vielschichtiger gelingt der Perspektivwechsel, wenn Sie den unterschiedlichen Rollen jeweils einen Stuhl zuweisen.

Wie das funktioniert, zeigt folgendes Beispiel: Meine Freundin Alexandra fragte mich neulich, was ich denn so von ihr halte. Sie bat mich also um Feedback. Ich fragte sie, warum das für sie wichtig sei. Sie sagte, sie hätte über sich nachgedacht und sei nicht so sehr klar mit sich. Daraufhin bot ich ihr Folgendes an: Wir setzen die für sie wichtigen Menschen quasi virtuell auf verschiedene leere Stühle im Raum und bitten sie um ein kurzes Interview. Sie sollen erzählen, was sie gerade von Alexandra halten, welche drei Eigenschaften ihnen zu ihr einfallen und wie sie sie finden. Alexandra stimmte zu und ich stellte ihr die folgenden Fragen: Wer ist wichtig in deinem Leben? Wen sollen wir befragen? Was sagen diese Personen denn jetzt zu dir bzw. über dich, wenn wir sie befragen?

Im Fall von Alexandra kamen die Besucher aus den folgenden Bereichen:

- aus dem Berufsleben und aus dem Privatleben (»Wie erleben diese Menschen dich gerade?«),
- aus der Tierwelt (Pferd und Hund von Alexandra: »Wenn die Tiere sprechen könnten, was würden sie sagen?«).

Es können auch Gegenstände sein (Spiegel: »Spieglein, was sagst du über mich?«; Bett: »Wie sind die Nächte?«) oder der eigene Körper (»Welches Organ würde was sagen?«).

Ich ging einen Kaffee holen. Als ich wiederkam, hatte Alexandra schon eine Menge auf ihren Zettel geschrieben. Sie schaute mich an und sagte: »Ich glaube, ich bin berechnend!« Das war sehr überraschend für mich und wir sprachen darüber, wie sie denn stattdessen wirken wolle und was sie dafür tun könne.

> Lernidee Nr. 13: Finden Sie mithilfe des Perspektivwechsels mehr über sich heraus!

Skalenfragen

Skalenfragen schaffen die Möglichkeit, den Ist-Zustand auf eine positive Art und Weise zu beschreiben. Wir nehmen mit unserer Antwort auf eine solche Frage intuitiv eine zahlenmäßige Bewertung vor.

BEISPIEL: SKALENFRAGEN

»Wie geht es dir heute auf einer Skala von 1 bis 10? 10 bedeutet: ›Wunderbar. Ich habe gute Laune, mir geht es prächtig!‹, und 1 bedeutet: ›Ich bin total schlecht drauf, lass mich in Ruhe!‹«

»Wie war dein Arbeitstag auf einer Skala von 1 bis 10, wenn 10 bedeutet: ›Alles, was ich mir vorgenommen habe, habe ich umgesetzt, der Tag lief wie am Schnürchen, und ein unerwartetes Highlight gab es auch noch!‹, während 1 bedeutet: ›Total unbefriedigend – alles ging schief.‹«

Eine 10er-Skala bietet sich an, weil sie genügend Raum für Unterschiede auch bei komplexeren Problemen bietet. Zudem bestehen ausreichende Differenzierungsmöglichkeiten, sodass auch dem Phänomen der Tendenz zur Mitte damit Rechnung getragen wird.

Der Anfangspunkt sollte im positiven Bereich liegen und nicht bei 0, um die negative Assoziation von 0 = »eine Null sein« zu vermeiden.

Werden Skalenfragen als Einstieg in ein Thema genutzt, sollten Sie sich die daran anschließende Frage gut überlegen. Mit welcher Frage könnte es wohl weitergehen, wenn die Antwort des anderen lautet: »6 Punkte«? Sehr druckvoll und damit wenig lösungsorientiert wäre es, im Anschluss daran zu fragen: »Was muss passieren, damit du die 10 erreichst?«

- Fehler Nr. 1: »muss« – durch dieses Wort fühlen sich andere häufig unter Druck gesetzt (Reaktion meiner Tochter: »Oh, nerv mich doch nicht!«).
- Fehler Nr. 2: »passieren« – dieses Wort fällt oft in Zusammenhang mit Unglücken und Unfällen; beides ist negativ behaftet.
- Fehler Nr. 3: Von 6 auf 10 gelangen – das Maximum zu wollen erzeugt bei anderen Menschen Stress. Sich selbst maximale Ziele zu setzen, führt dazu, dass man sich überfordert, weil man sich zu viel vornimmt. Die Folge: Die Erfolgswahrscheinlichkeit sinkt.

> Lernidee Nr. 14: Streichen Sie das Wort »müssen« aus Ihrem Sprachschatz!

Stellen Sie stattdessen lieber Anschlussfragen wie die folgenden:

- Was ist alles vorhanden?
- Was läuft gut?
- Was ist alles besser als 1?

Bei solchen Fragen ist der Fokus auf Positives gerichtet, auf das, was bereits gut gelingt.

Die folgende Frage soll den Befragten dazu anleiten, sich zu überlegen, was anders ist, wenn man einen Punkt auf der Skala höher steht: »Angenommen, du bist besser geworden, würdest dir also einen Punkt mehr geben: Was ist dann anders?« Diese Frage lädt dazu ein, das Ziel bzw. die Verbesserung mit allen Sinnen vorweg zu erleben: Welche Bilder tauchen auf, wie fühlt sich das dann an?

> Die Frage nach dafür notwendigen Aktionen, wie beispielsweise: »Was machst du dafür?«, sollte erst nach dieser Visualisierung gestellt werden, damit der Schritt auch wirklich zielführend ist.

Mithilfe von Skalenfragen können wir jede Eigenschaft, jede Fähigkeit in ihrer Ausprägung differenzieren, sowohl im beruflichen Bereich als auch im Privatleben. Das ist alleine oder auch in Zusammenarbeit mit anderen möglich. So können Sie beispielsweise gemeinsam mit Ihrem Partner oder Ihren Teammitgliedern feststellen, bei welchen Aspekten Sie auf einer Wellenlänge liegen und wo es Unterschiede gibt. Es gibt hier kein Richtig und kein Falsch, keine Normierung. Jeder legt sich auf diejenigen Punktwerte fest, die seiner Meinung nach zutreffen. Wichtig ist vor allem der Austausch darüber.

Die folgenden Skalenfragen habe ich basierend auf einem Artikel von Deirde Enthoven in der Zeitschrift »Psychologie« weiterentwickelt (Ausgabe Juli/August 2018). Wenn Sie mögen, können Sie sie gemeinsam mit Ihrem Partner beantworten, um zu sehen, wie wirksam solche skalierenden Fragen sein können. Viel Spaß dabei!

Wie gut passen Sie aus Ihrer Sicht zusammen? 10 bedeutet: Wir denken ähnlich, haben ähnliche Hobbys, haben vergleichbare Persönlichkeiten, sind körperlich gleich belastbar, haben ähnliche Erwartungen ans Leben. 1 bedeutet: Da sind wir überall recht gegensätzlich!

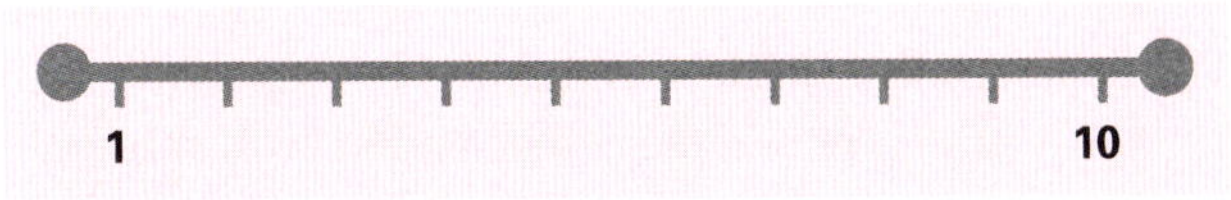

Wie verbunden fühlen Sie sich? 10 bedeutet:

- sehr intim (entstanden durch Vertrauen, Empathie und gute Kommunikation),
- leidenschaftlich (bestehend aus körperlicher Anziehung, Lust, Energie, Romantik),
- voller liebevoller Zuwendung (der Entschluss, die Beziehung aufrechtzuerhalten).

1 bedeutet: Ich spüre nichts mehr von alledem!

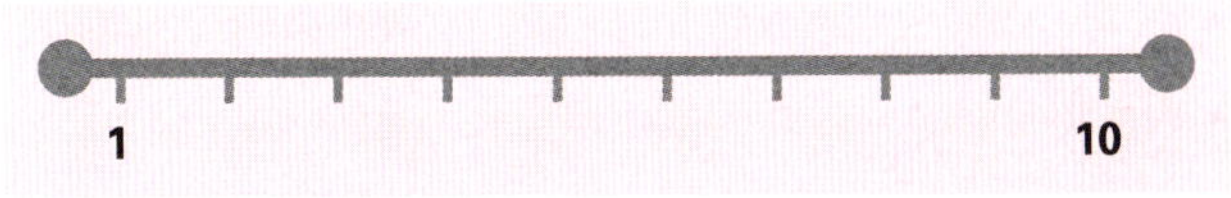

Wie neugierig sind Sie aufeinander? 10 bedeutet: Sie haben ein sehr detailliertes Wissen über Ihren Partner gespeichert, fragen ihn immer noch nach seinen Träumen, Ängsten, Ideen,

Wünschen und behalten die Infos auch im Gedächtnis. 1 bedeutet: Das alles interessiert mich gar nicht mehr!

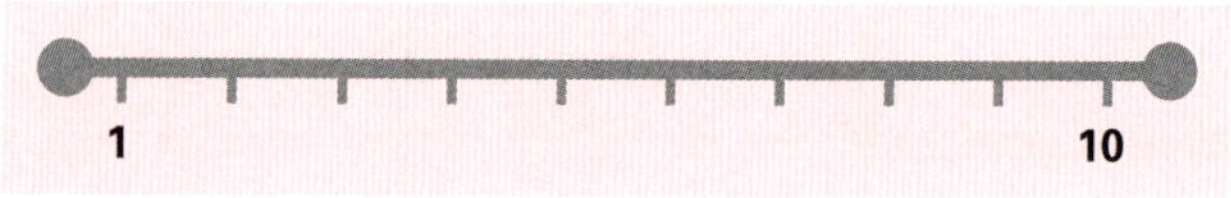

Wie häufig wollen Sie zu zweit sein? 10 bedeutet: Wir wollen tagtäglich so viel Zeit wie möglich in inniger Zweisamkeit verleben (trotz Kindern und Hobbys), indem wir uns Fragen stellen, vom Tag erzählen und Aufmerksamkeit schenken. 1 bedeutet: Zweisamkeit ist mir nicht mehr wichtig!

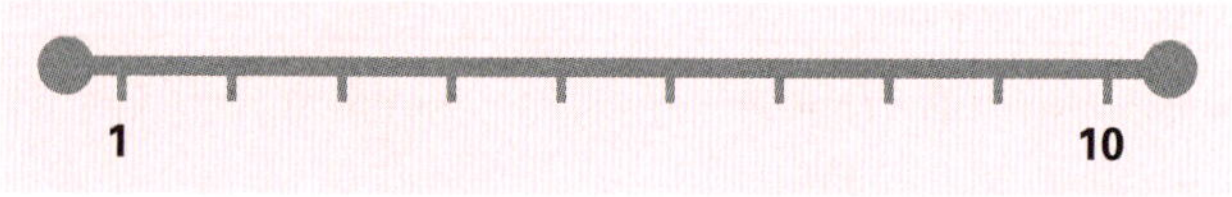

Wie gut können Sie streiten? 10 bedeutet: Wir können gut streiten, weil wir die Gefühle des anderen anerkennen und uns für die Meinung des anderen öffnen. 1 bedeutet: Unsere Streitigkeiten sind geprägt von folgenden Aspekten:

- Kritik an der Person äußern anstatt am Verhalten, Vorwürfe
- Verallgemeinerungen (»immer«, »nie«, »jedes Mal«)
- Geringschätzung zeigen (kein Blickkontakt, abwertende Gestik)
- Sich verschanzen, sofort widersprechen, nicht verstehen wollen

Wie gut kann ich den anderen akzeptieren? 10 bedeutet: Ich weiß, dass man stabile Persönlichkeitsmerkmale wie Extraversion, Empathie, Labilität oder Unordentlichkeit nicht groß ändern kann und akzeptiere diese bei meinem Partner. 1 bedeutet: Ich kann die Unterschiedlichkeit nicht akzeptieren und versuche den anderen zu verändern, mit der Folge, dass er bei mir Wohlwollen, Freundlichkeit und Akzeptanz vermisst.

Wie gut können Sie sich gegenseitig Dinge gönnen? 10 bedeutet: Ich gönne meinem Partner beruflichen Erfolg, Glück im Spiel, Beliebtheit im Freundeskreis und Zeit für seine Hobbys. 1 bedeutet: Ich bin manchmal neidisch, missgünstig und nachtragend und poche auf gerechte Verteilung der Arbeit, Aufmerksamkeit oder Geld.

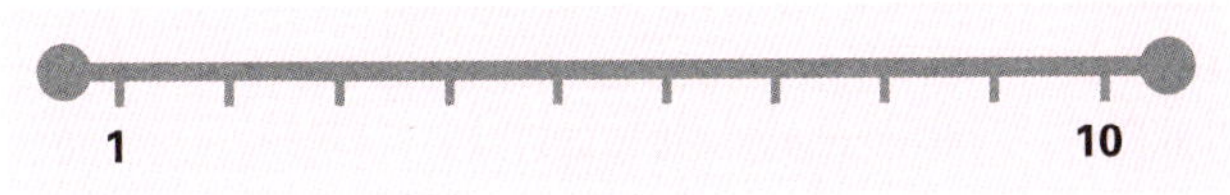

Wie gehen wir mit Untreue um? 10 bedeutet: Als Betrogener verzeihe ich, weil der Fremdgeher hart an sich arbeitet, Reue zeigt, die dritte Person keine Bedeutung mehr für ihn hat und es keine weiteren Fälle gegeben hat. Als Betrogene nehme ich mir Zeit, den Schmerz zu verarbeiten und zu vergeben (Randnotiz: Nur 31 % der Beziehungen überleben Untreue laut dem Journal of Family Therapy). 1 bedeutet: Ich komme als Betrogener nicht über die Untreue meines Partners hinweg, leide und mache bissige Bemerkungen bzw. der andere bricht sein Versprechen und geht weiter fremd.

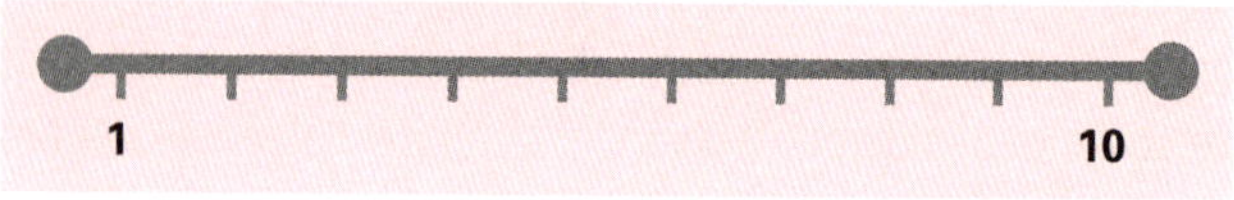

Wie gut kann ich in meiner Partnerschaft so sein, wie ich bin? 10 bedeutet: Ich darf meine Autonomie, Individualität leben und werde dafür nicht abgestraft. 1 bedeutet: Ich muss mich sehr stark anpassen und sage oder mache nicht, was ich denke oder machen möchte.

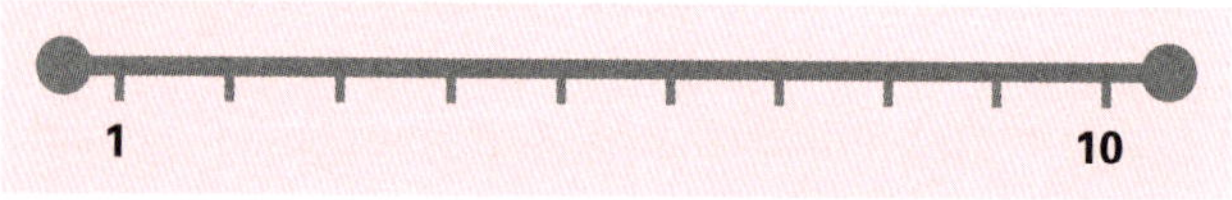

Wie ähnlich bewerten Sie die Attraktivität Ihres Partners insgesamt? 10 bedeutet: Ich sehe meinen Partner in Summe mindestens auf Augenhöhe, was Kleidung, Intelligenz, Status, Manieren, Sprachgewandtheit, Körperbau und Ähnliches angeht. 1 bedeutet: Wir haben uns hier sehr unterschiedlich entwickelt.

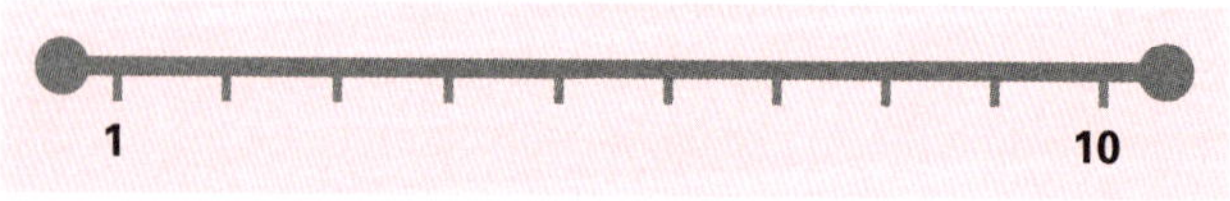

Und? Wie sehr hat Ihnen dieser Fragebogen auf einer Skala von 1 bis 10 gefallen? 10 bedeutet: Ein Hammer, danke dafür! 1 bedeutet: Damit konnten wir überhaupt nicht gut arbeiten!

> Lernidee Nr. 15: Probieren Sie Skalenfragen aus und entwickeln Sie kreative Beschreibungen der 10, die andere zum Lächeln bringen.

Konstruktives Gesprächsklima schaffen mit der 3W-Technik

Lösungsorientierte Kommunikation braucht eine entsprechende Gesprächsatmosphäre. Wenn eine feindselige, anklagende Stimmung herrscht, dann können keine guten und kreativen Lösungen entstehen. Der Psychologe Thomas Gordon entwickelte in den 1970er-Jahren ein nach ihm benanntes Kommunikationsmodell und schuf damit eine Basis, um so zu kommunizieren, dass sich keiner als Verlierer fühlt. Er war der Überzeugung, dass in der Gesprächsführung eine Prämisse gilt: »Ich bin wichtig – du bist wichtig – wir sind wichtig«. Seine 3W-Technik, die Teil dieses Modells ist, hilft, ein konstruktives Gesprächsklima zu schaffen, auch wenn es um schwierige Themen geht. Sie bietet sich darüber hinaus an, wenn Sie einem anderen Menschen Rückmeldung geben möchten.

Die Technik

Die 3 W stehen für:

1. **W**ahrnehmung der Situation: »Ich sehe, ...; ich höre ...«
2. **W**irkung auf mich: »Ich bin darüber ... (z. B. überrascht, verärgert, sauer, wütend, erstaunt, traurig usw.).« Mit einer solchen Ich-Botschaft laden Sie Ihren Gesprächspartner zu

einem Perspektivwechsel ein. Sie regen ihn zum Nachdenken darüber an, wie er auf andere wirkt, ohne ihn dabei zu beschuldigen und ihm Vorwürfe zu machen.

3. **W**unsch an den anderen: »Ich möchte …,«, »Ich wünsche mir, dass …«. Der eigene Wunsch sollte klar und wahr in Form einer Lösungsbotschaft formuliert sein, aber nicht als Vorwurf.

Ein Beispiel aus der Praxis

Kommen wir zurück auf das Beispiel mit den verdorbenen Tomaten im Supermarkt, um zu sehen, wie sich die 3W-Technik im Berufsleben einsetzen lässt:

1. **Wahrnehmung der Situation:** Der Filialleiter des Supermarktes zum Mitarbeiter: »Ich sehe, hier links hast du alles gut eingeräumt, hier vorne liegen aber noch fünf gammlige Tomaten.«
2. **Wirkung:** »Ich befürchte, die Kunden nehmen das als Hygienemangel in unserem Supermarkt wahr und reagieren darauf, indem sie es anderen weitererzählen. Das führt zu einem schlechten Image und geringeren Umsätzen.«
3. **Wunsch:** »Damit ein solcher Eindruck gar nicht erst entsteht, möchte ich, dass du künftig erst den ganzen Bereich noch einmal auf Frische und Sauberkeit kontrollierst, bevor du in die Pause gehst!«

> Beachten Sie bei diesem Schritt die sogenannte VW-Regel: *V*orwürfe werden in *W*ünsche umformuliert.

Auf die Botschaft kommt es an

In der Kommunikation gibt es unterschiedliche Botschaften, die wir anderen, mit dem, was wir äußern, senden. Im Abschnitt zuvor haben Sie bereits die Ich-Botschaften kennengelernt. Sie helfen uns dabei, dem anderen mitzuteilen, was einen selbst bewegt und warum wir ein Problem haben.

Ich-Botschaften: Kommunikation auf Augenhöhe

Mithilfe dieser Botschaften kann man auf Augenhöhe kommunizieren: Wenn ich sage, dass mich das Verhalten eines anderen ärgert, enttäuscht, sauer macht oder mich ängstigt, so kann mir niemand widersprechen. Mit Ich-Botschaften machen wir gleichzeitig deutlich, wie wir in einer Situation empfinden und dass dies auch akzeptiert werden sollte. Widersprechen wäre auch nicht gut möglich. Sagen wir beispielsweise: »Ich friere«, so kann der andere dies nicht abtun mit den Worten: »Dir ist nicht kalt!«

Eine geschickte Erweiterung der Ich-Botschaft-Technik ist das Führen durch Fragen, das dem Gesprächspartner die Chance auf ein Nein gibt oder sogar seine Entscheidung einfordert: »Ich friere. Bist du so lieb und machst die Tür zu?«

Du-Botschaften

Es gibt auch Botschaften, die einer lösungsorientierten Gesprächsatmosphäre abträglich sein können. Eine Du-Botschaft trifft eine Aussage über den anderen, die diesen kleinmacht, verletzt, oder die vorwurfsvoll ist.

Beispiele für Du-Botschaften: »Immer lässt du die Tür auf!«; »Du bist doch zu blöd, die Türe zu schließen«, »Wenn dein Kopf nicht angewachsen wäre, würdest du den auch noch vergessen.«

Nachteile: Der Empfänger fühlt sich herabgesetzt oder beschuldigt. Er spürt Rechtfertigungsdruck, geht in Abwehrstellung oder macht sich bereit zum Gegenangriff und ist daher auch nicht motiviert, etwas zu verändern.

Versteckte Botschaften

Das sind Aussagen, die nicht direkt das Problem adressieren, sondern durch die Blume gemacht werden.

Beispiele für versteckte Botschaften: »Es zieht …!«, »Oh, wenn sich da nicht jemand ärgern wird …!«, »Jemand sollte mal den Mülleimer rausbringen«, »Man müsste das dem Chef sagen …«

Nachteile: Der Empfänger versteht die versteckten Botschaften häufig nicht richtig oder die Verantwortung verteilt sich damit auf mehrere Personen. Der Sender erreicht deswegen seine Ziele nicht.

Lösungsbotschaften

Lösungsbotschaften sind Aussagen, bei denen A sagt, was B zu machen oder zu unterlassen hat.

Beispiele für Lösungsbotschaften: »Mach die Tür zu!«, »Schreib an den Kunden, dass es dir leidtut.«

Nachteile: Der Sender steht gefühlt über dem Empfänger und übt Macht aus; der Empfänger wird nicht dazu angeregt, mitzudenken oder sich einzufühlen in den Sender.

Jedes Wort zählt!

Eine lösungsorientierte Sprache hilft, den Alltag konstruktiv und effizient zu bewältigen. Einen ersten Schritt in diese Richtung können Sie tun, indem Sie Ihre Wortwahl und die anderer, beispielsweise in Ihrer Abteilung, an Ihrem Arbeitsplatz reflektieren.

- Überlegen Sie – fallen dort eher Sätze wie: »Wir wollen weg von …«, z.B. »Wir sollten weniger Ressourcen verschwenden«? Lösungsorientierter und damit konstruktiver wäre es zu sagen: »Wir wollen hin zu … (beispielsweise: »Wir brauchen mehr Sparsamkeit im Umsatz mit Ressourcen«)!«
- Sagen Sie gerne Sätze wie: »Wir haben das Problem, dass … (Beispiel: das viel Geld kostet)«? Besser wäre es zu sagen: »Wie sieht eine Lösung aus, die folgenden Kriterien genügt: … (Beispiel: das Ganze finanzierbar macht)?«

- Sagen Sie des Öfteren: »Wir müssen aufhören, … (Beispiel: uns gegenseitig Vorwürfe zu machen)«? Sagen Sie stattdessen lieber: »Wie fangen wir es an, … (Beispiel: mit den Vorstellungen anderer besser umzugehen)?«
- Statt: »Warum ist das passiert?«, fragen Sie lieber lösungsorientiert: »Worum geht es da? Welche Ideen haben Sie, um das wieder hinzubekommen?«
- Anstelle von: »Wo liegen denn die Schwierigkeiten?«, fragen Sie besser: »Wie haben wir denn schon einmal so etwas geschafft?«
- Sagen Sie häufiger: »Wir sollten nicht …«? Fragen Sie lieber: »Was machen wir … ?«

Das lösungsorientierte Denken ist vergleichbar mit einem Abendessen in einem italienischen Restaurant. Wir setzen uns dort ja auch nicht an einen Tisch und sagen zum Kellner: »Auf die Nr. 114 habe ich heute keine Lust und den Insalata Mista, den nehme ich auch nicht! …« Unser Gehirn braucht wie der Kellner einen klaren Auftrag: »Die Nr. 12 als Vorspeise und dann als Hauptgericht die 37, bitte!«. Nur auf diese Weise kann es loslegen und in Aktion treten.

Reden ist Silber – Zuhören ist Gold

Wer eine Frage stellt, sollte dem Antwortenden aufmerksam zuhören. Das klingt wie eine Selbstverständlichkeit, ist es aber nicht. Vor allem, wenn wir im Stress sind, hören wir anderen oft nicht richtig zu. Echtes Zuhören ist eine Kunst, die uns so einiges an Empathie abverlangt. Es erfordert, uns zurückzunehmen und dem anderen unsere ungeteilte Aufmerksamkeit zu schenken und ihn und seinen Standpunkt zu verstehen.

Echtes Zuhören kostet zwar Zeit, zahlt sich aber doppelt und dreifach aus, vor allem, wenn es darum geht, eine konstruktive und lösungsorientierte Gesprächsatmosphäre zu schaffen: Nur wer wirklich zuhört, versteht die Beweggründe des anderen und kann ihn auf seinem Weg zur passenden Lösung begleiten. Echtes Zuhören schafft das Vertrauen, das der andere braucht, um sich für ein lösungsorientiertes Gespräch zu öffnen. Dabei reicht es nicht aus, wenn wir nur schweigend und reaktionslos lauschen, was unser Gesprächspartner sagt. Wir sollten ihm auch signalisieren, dass wir aufmerksam zuhören. Das gelingt auf folgende Art und Weise:

- mit einem Nicken unseres Kopfes, Blickkontakt und einer dem Gesprächspartner zugewandten aufmerksamen Haltung, dem sogenannten Quittieren,
- mit einem bestätigenden »Hm« oder »ah ja« am Telefon,
- indem wir nachfragen, wenn wir etwas akustisch oder dem Sinn nach nicht verstanden haben,
- indem wir das Gesagte mit unseren eigenen Worten zusammenfassen. Dies nennt man auch Paraphrasieren.

Der Nebeneffekt: Nicht nur Ihr Gesprächspartner, sondern auch Sie selbst gewinnen, wenn Sie sich die Zeit nehmen intensiv zuzuhören. Sie entdecken so sicherlich Gemeinsamkeiten mit dem anderen, die dazu führen, dass man sich als ähnlich empfindet. Das schafft Sympathie.

Auf einen Blick: Lösungsorientiert kommunizieren

- Fragen nach dem Warum helfen uns nicht weiter, wenn es an die Problemlösung geht. Viel mehr erreichen wir mit lösungsorientierten Fragen, die uns und andere darin unterstützen, eine eigene Lösung zu finden.
- Lösungsorientierte Fragetypen gibt es viele, unter anderem Bewältigungs-, Zukunfts-, Skalen- und paradoxe Fragen. Sie lassen sich je nach Situation miteinander kombinieren. Gemeinsam ist ihnen eines: Sie führen uns und andere gezielt aus der negativen Gedankenspirale heraus.
- Lösungsorientierte Kommunikation funktioniert nur in einem konstruktiven Gesprächsklima, in dem sich keiner als Verlierer fühlt. Die sogenannte 3W-Technik schafft die Voraussetzungen dafür.
- »Nie machst du …« – Du-Botschaften wirken in schwierigen Gesprächssituationen meist vorwurfsvoll. Problematisch sind auch die sogenannten versteckten Botschaften. Kommunizieren Sie daher am besten mit Ich-Sätzen wie z. B. »Ich empfinde es als …«
- Es gibt eine lösungsorientierte Sprache, deren Vokabular man sich ganz leicht aneignen kann.
- Genauso wichtig wie die Wahl der richtigen Worte ist es, anderen genau zuzuhören. Nur wer zuhört, kann seinem Gesprächspartner dabei helfen, seine eigene Lösung zu finden.

Lösungsorientiert arbeiten

Im Job sind wir es gewohnt, in Problemen zu denken. Wir hangeln uns von einer Hürde zur nächsten. Das ist anstrengend und belastend. Wie wäre es, wenn in Ihrem Arbeitsalltag ab sofort ein Erfolg den nächsten jagte? Unrealistisch, finden Sie?

In diesem Kapitel erfahren Sie, dass das sehr wohl geht, und zwar unter anderem, indem Sie

- sich anziehende Ziele suchen,
- Ihre innere Haltung justieren,
- die WOOP-Methode anwenden,
- Ihre Wahrnehmung ändern.

Anziehende Ziele: das A und O der Lösungsorientierung

BEISPIEL: ZWEI GESPRÄCHSPARTNER – ZWEI ZIELE

Frau Meier kommt von der Arbeit nach Hause und erzählt ihrem Mann erst einmal, was sich während ihres langen Tages in der Firma so an furchtbaren Dingen ereignet hat. Die negative Energie der Geschichten bringt sein Lösungshirn in Gang und so gibt er ihr zwischendurch immer wieder Tipps, was sie anders machen sollte. Herr Meier möchte damit seiner Frau helfen, damit sie nicht so leidet an all ihren beruflichen Problemen, und er nicht so leidet, weil er viel lieber etwas anderes machen möchte, als den Problemen seiner Frau zu lauschen. Frau Meier wird immer ärgerlicher über ihren Mann. Sie denkt: »Kann er nicht einfach zuhören und mir die paar Minuten Zeit schenken als Zeichen seiner Liebe? Meine beste Freundin Inga kann das doch schließlich auch ... mir einfach nur neugierig zuhören, ohne mir Ratschläge und Tipps zu geben.« SIE will also, dass er einfach nur zuhört. Für IHN ist das ein hartes Brot. ER fragt sich: »Wieso erzählt sie mir das alles, wenn sie nicht einen guten Tipp will, damit sie es morgen leichter hat?«

Das Beispiel zeigt: Es ist wichtig, das Anliegen eines Gesprächs zu klären, also einfach mal zu fragen: »Wozu erzählst du mir das? Willst du einen Ratschlag oder soll ich einfach nur zuhören?«

Berufliche Ziele

Die Zielsetzung in Organisationen läuft häufig top-down. Das Management bestimmt, wo es langgeht, und erwartet, dass »die da unten« folgen. Dadurch haben Ziele oft nicht den motivierenden Charakter, den sie haben sollten. Wie man seine Mitarbeiter für gemeinsame Ziele gewinnen und lösungsorientiert in den Zielsetzungsprozess miteinbeziehen kann, erfahren Sie in den folgenden Abschnitten.

> Wie jeder alte Seebär Ihnen bestätigen kann: Wenn Sie nicht wissen, welchen Hafen Sie ansteuern, wird Ihnen keine Brise recht sein. Genauso ist es mit der Zukunft. Wenn Sie sich über Ihr Ziel nicht im Klaren sind, werden Sie es nicht erkennen, wenn eine gute Brise weht. Planen Sie, entspannen Sie und segeln Sie mit der richtigen Brise! (Paul Wilson)

Persönliche Ziele

Lösungsorientierung ist viel mehr als eine Technik oder Methode. Sie ist ein Lebenskonzept, eine Haltung. Das heißt auch, dass man selbst Lösungsorientierung leben muss, wenn man andere dafür begeistern will. Lösungsorientierung fängt also bei einem selbst an und bedarf einiger Vorarbeit, um sie zu leben und seinen Alltag in Richtung einer zufriedenstellenden Zukunft zu verändern.

Am Anfang dessen steht stets die Vision, also das Ziel-Bild, wie es zum künftigen Zeitpunkt »X« ausschauen soll. Danach entwickeln Sie die Strategie, wie Sie dorthin kommen.

BEISPIEL: DER EXTREMLÄUFER

Genau so ein Ziel-Bild hatte auch der Extrem-Läufer Kai-Markus Xiong. 2017 startete er einen Lauf von Hamburg nach Shanghai mit über 11.000 km (www.runmysilkroad.com), um damit die Verbindungen zwischen China und Deutschland zu stärken. Das waren mehr als 160 Marathon-Läufe am Stück, Tag für Tag, in einem Jahr, ein Lauf für die Völkerverständigung. Kai-Markus, der mit einer Chinesin verheiratet ist, lebte auch bei den schwierigen Touren durch die Wüsten von seinen Bildern des Ankommens und konnte so seine Schmerzen ausschalten.

Sie brauchen also zuerst eine Idee, wie Sie Ihr Leben gestalten wollen, und danach können Sie die Entscheidungen treffen, die Sie in diese Richtung gehen lassen. Seien Sie beruhigt: Sie müssen dazu kein Extremläufer sein. Auch Menschen mit ganz durchschnittlichen Fähigkeiten können auf diese Weise ihre Komfortzone verlassen und sich auf den Weg zu bisher unbekannten Zielen machen.

Um eine solche Strategie zu entwickeln, stelle ich Ihnen im Folgenden einige nützliche Methoden vor, so beispielsweise die Potenzialabfrage oder die Erfolgstreppe. Ebenso unterstützen Sie dabei die lösungsorientierten Fragen, die Sie bereits im Kapitel »Lösungsorientiert kommunizieren« kennengelernt haben.

Der Blick in die Zukunft

Beim Herausarbeiten persönlicher Ziele hilft ein Blick in die Zukunft, der mittels der folgenden einfachen Fragen gelingt:

- Wo will ich in fünf Jahren arbeiten bzw. leben?
- Was genau will ich dann arbeiten?
- Wofür möchte ich dann Verantwortung tragen?
- Welche mir besonders wichtigen Werte möchte ich dabei ausleben können?

Holen Sie sich zur Beantwortung dieser Fragen Unterstützung aus Ihrem Umfeld. Wo sehen Ihnen nahestehende Menschen Sie in fünf Jahren?

> Lernidee Nr. 16: Finden Sie heraus, wie Sie in fünf Jahren leben und arbeiten möchten!

Ziele festlegen mit der Potenzialabfrage

Ich bin davon überzeugt, dass jeder Mensch am besten selbst beurteilen kann, was er erreichen kann, und dass jeder selbst für sich die besten Lösungen findet. Der US-amerikanische Unternehmensberater Robert Fritz (2000) entwickelte ein System in sechs Schritten, mit dem Abschied von den buchhalterisch geprägten Zielvereinbarungen genommen wird.

- Schritt 1: Was wäre Ihr ultimatives Berufsziel, wenn wir in einer idealen Welt lebten? Wie sieht Ihre Vision einer optimalen beruflichen Karriere aus?
- Schritt 2 – Realitäts-Check: Was waren Ihre Leistungen bisher?
- Schritt 3 – Formulierung des Durchbruchziels als Kooperationsziel zwischen Vergangenheit und Zukunft: Wo möchten Sie in einem Jahr stehen in Bezug auf Ihr ultimatives Ziel?
- Schritt 4 – Nachdenken über die Mittel: Welche Mittel können Sie einsetzen, um dieses Ziel zu erreichen?
- Schritt 5 – Veröffentlichen: Teilen Sie Ihrer Umgebung mit, was Sie vorhaben und nutzen Sie die positive Resonanz der anderen.
- Schritt 6: Fangen Sie gleich morgen an, Ihr Ziel umzusetzen. Sie müssen dazu keine Riesenschritte machen. Es reicht, wenn Sie in kleinen, aber beständigen Schritten vorwärts gehen.

Wenn die Vision und das Durchbruchsziel gut formuliert sind, so ergibt sich nach den Erkenntnissen des Experten zur Organisationsentwicklung Robert Fritz automatisch eine »strukturelle Spannung«, die sich sogar körperlich bei den Beteiligten bemerkbar macht. Diese Spannung liefert die Energie für die Erarbeitung zielgerichteter Maßnahmen und deren Umsetzung.

Fortschritt, so Fritz, entsteht in einem Unternehmen durch diese strukturelle Spannung. Gemeint ist damit die Diskrepanz zwischen dem aktuellen und dem angestrebten Zustand. Der Weg des geringsten Widerstandes führt in diesem Fall hin zur Auflösung der Spannung: Der aktuelle Zustand wird weiterentwickelt, bis er dem angestrebten Zustand entspricht.

Planen mit der Erfolgstreppe

Wenn es darum geht, alleine, in einer Gruppe oder einem Team ein Vorhaben oder ein Projekt von vorne bis hinten lösungsorientiert zu durchdenken und zu planen, kann Ihnen die Erfolgstreppe weiterhelfen.

In vielen Unternehmen wird viel zu wenig über Ziele gesprochen. Sie werden stattdessen häufig von oben nach unten diktiert und heruntergebrochen. Das Konzept der Erfolgstreppe ist sehr anschaulich und unterstützt Sie dabei, zuerst zu einem Konsens über das Ziel zu finden, was in Zukunft angestrebt werden soll, und dann gemeinsam einen Weg dorthin zu identifizieren. Und genau das macht diesen Ansatz so erfolgreich: Alle im Team entscheiden gemeinsam über das Ziel und die Maßnahmen und ziehen deswegen auch an einem Strang, wenn es um die Umsetzung geht.

Stufe für Stufe hinauf zum Erfolg

Nutzen Sie die Technik der Erfolgstreppe, durchlaufen Sie die folgenden Schritte:

- Zielformulierung: Was ist das Ziel, das ich anstrebe? Formulieren Sie es mithilfe der SMART-Methode als Satz im Präsens (siehe hierzu den nächsten Abschnitt).
- Realitäts-Check, also Feststellung des Status quo: Wo stehe ich gerade? Was habe ich bisher an Positivem und Negativem erreicht?
- Schritt 1 auf der Treppe: Was ist mein erster Schritt? Was ist das zu erwartende Ergebnis?
- Schritt 2 auf der Treppe: Was ist mein zweiter Schritt? Was ist das zu erwartende Ergebnis? usw.
- Zeitplan erstellen: Bis wann werde ich welchen Schritt gemacht haben?
- Informieren Sie alle Beteiligten – und los geht`s!

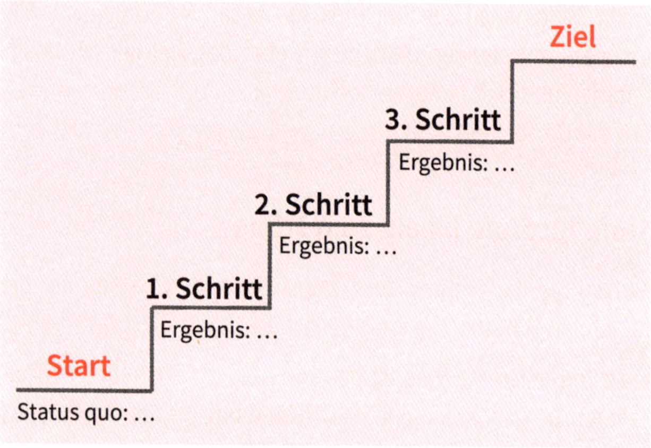

Schritt für Schritt zum Ziel auf der Erfolgstreppe

Eine Ausfüll-Vorlage zur Erfolgstreppe finden Sie unter https://mybookplus.de/ nach Eingabe des Buchcodes TGA-HL12 in der Rubrik »Kommunikation & Soft Skills«.

Ziele setzen mit der SMART-Methode

SMART ist eine Erfolgsformel, wenn es um das Setzen von Zielen geht. Der Begriff ist ein Akronym, dessen Buchstaben für die folgenden Begriffe stehen:

SMART	Beispiele
S = Spezifisch	»Ich möchte weniger wiegen«
M = Messbar	»und zwar 88 Kilo und weniger«
A = Attraktiv	»weil ich mich dann wohler fühle, es gesünder ist und ich damit auch länger lebe«

SMART	Beispiele
R = Realistisch	»Fünf Monate Zeit, 8 Kilos abzunehmen – das geht!«
T = Terminiert	»Ab dem 15.08. diesen Jahres habe ich mein Zielgewicht!«
Zielsatz im Präsens:	»Ab dem 15.08. wiege ich 88 Kilogramm oder weniger!«

Achten Sie darauf, dass Sie Ihr Ziel positiv und damit lösungsorientiert formulieren. Setzen Sie sich beispielsweise also nicht das Ziel: »Ab dem .... will ich nicht mehr 96 Kilo wiegen.«

Raum für Ihr Beispiel	
S = Spezifisch	
M = Messbar	
A = Attraktiv	
R = Realistisch	
T = Terminiert	
Ihr Zielsatz im Präsens:	

Die innere Haltung justieren mit Motto-Zielen

Während SMART definierte Ziele Rahmenbedingungen, Zeit und rationale Argumente reflektieren, wirken Motto-Ziele auf einer anderen Ebene.

Motto-Ziele sind Ziele, die sich weniger auf konkret beobachtbares und messbares Verhalten richten, sondern sich vielmehr auf die innere Verfassung des Zielsetzenden beziehen. Sie beschreiben die innere Einstellung und persönliche Haltung zum Ziel. Solche Ziele helfen durch die Aktivierung von positiven Emotionen dabei, uns zu Handlungen zu stimulieren, die uns dem Ziel näherbringen.

BEISPIEL: VERHALTENSZIEL VS. HALTUNGSZIEL

»Heute esse ich maximal 1.800 Kalorien!«, ist ein messbares Verhaltensziel. Ein dazu passendes Haltungs- oder Motto-Ziel wäre beispielsweise: »Ich habe ein Adlerauge auf mein Essen!«

Haltungsziele werden als enger mit der eigenen Person, der eigenen Identität verknüpft erlebt als Verhaltensziele. Der Zieltypus der Motto-Ziele, der von den Selbstmanagement-Experten Maja Storch und Frank Krause entwickelt wurde, spricht das Unterbewusste in uns an. Wirksame Motto-Ziele enthalten Sprachbilder und sind im Präsens formuliert.

Beispiele für Motto-Ziele:

- Bärenkräfte bringen mich beharrlich ans Ziel.
- Ich schenke meinem Körper Auslauf.
- Ich bleibe ruhig wie ein Bergsee.

Die drei Kennzeichen eines Motto-Ziels	
1	Es beschreibt eine Haltung.
2	Es ist im Präsens formuliert.
3	Es bedient sich einer bildhaften Sprache.

Ein Motto-Ziel soll positive Gedanken und Gefühle in uns hervorrufen. Am besten gelingt das, wenn Sie ein angenehmes und positiv besetztes Bild damit verknüpfen. Das Ziel kann je nach Ihren Vorlieben poetisch oder witzig formuliert sein, sodass es unwillkürlich ein Lächeln bei Ihnen hervorzaubert, immer wenn Sie daran denken.

Lernidee Nr. 17: Entwickeln Sie Ihren Wunsch zu einem Motto-Ziel!

In drei Schritten zum Motto-Ziel

Ein Motto-Ziel zu entwickeln, ist ganz einfach, wenn Sie die folgenden Schritte durchlaufen. Machen Sie dies beispielsweise mit vertrauten Kollegen in einer entspannten Mittagsrunde oder mit Freunden am Abend, wenn es um die Neuausrichtung Ihres Berufes geht.

Schritt 1: kreatives Finden eines Motto-Ziels für Ihren Wunsch

Gehen Sie in sich und überlegen Sie zunächst ganz für sich selbst: Was könnte Ihr Motto-Ziel sein? Welche Haltung streben Sie für sich an? Welches Bild passt zu diesem Wunsch? Sie haben ein Bild dafür im Kopf? Formulieren Sie Ihren Wunsch als Motto-Ziel. Wählen Sie positive Worte dafür. Geben Sie sich dafür 5 bis 10 Minuten Zeit.

Mein Motto-Ziel:

Schritt 2: Ideenkorb entwickeln

Lassen Sie sich nach Ablauf der 5 bis 10 Minuten von den anderen inspirieren und Ihre Kollegen oder Freunde den Ideenkorb für Motto-Ziele weiter füllen. Verlassen Sie sich darauf: Es wird ein interessantes Gespräch werden. Die anderen generieren für Sie Motto-Ziel-Ideen und Sie notieren diese auf dem Zettel.

Ideenkorb für Ihr Motto-Ziel

Schritt 3: der Check

Halten Sie im Anschluss daran fest, welche ein bis zwei Vorschläge Ihnen am besten gefallen haben.

Prüfen Sie, ob diese Ideen eine positive Gefühlsbilanz aufweisen: Sie dürfen keinerlei negative Gedanken und Emotionen in Ihnen auslösen und sie sollten auf Ihrer persönlichen Skala der Akzeptanz mindestens 7 von 10 Punkten bekommen. Mit diesem Check synchronisieren Sie Verstand und Unbewusstes. Das ist deshalb so wichtig, weil wir häufig Programmierungen in uns tragen, die uns von unseren Vorhaben abbringen (siehe hierzu Kapitel »Von der Vergangenheit für die Zukunft lernen«).

Stellen Sie sich im Anschluss daran die Frage: Können Sie das herausgearbeitete Motto-Ziel unabhängig von anderen selbstbestimmt erreichen? Lautet die Antwort: »Ja!«, dann können Sie zum nächsten Schritt, der Transferplanung, übergehen.

Schritt 4: die Transferplanung

Nehmen Sie sich fünf Minuten Zeit und stellen Sie sich selbst folgende Fragen:

1. Wann, wie, wo, mit wem und wie oft möchte ich die Haltung meines Motto-Ziels einnehmen?
   Am Beispiel des Abnehmens: »Ich esse wie ein gesundes Raubtier – nur das, was mir guttut, und nur dann, wenn ich Hunger habe und mein Magen leer ist. Das gilt auch im Urlaub!«

2. Was wird sich in meinem Leben ändern, wenn ich mein Motto-Ziel konsequent umsetze?
   Am Beispiel des Abnehmens: »Ich halte mein gesundes Zielgewicht und lebe länger, bleibe beweglich!«
3. Was wird mein Gewinn daraus sein? Was wird mein Verlust daraus sein, und wie gehe ich damit um?
   Am Beispiel des Abnehmens: »Es fällt mir leichter, zu laufen und mich zu bewegen und ich fühle mich jünger. Ich esse süße und sehr salzige Sachen kaum noch und kann besser Nein zu Versuchungen sagen.

Wie sieht Ihre Transferplanung aus?

Meine Transferplanung

Hindernisse? Nutzen Sie die WOOP-Methode

Gabriele Oettingen ist Professorin für Psychologie und forscht seit vielen Jahren zu den Themen Selbstregulation und Motivation. Am Ausgangspunkt ihrer Forschung stand die wissenschaftliche Erkenntnis, dass positive Zielphantasien allein nicht ausreichend sind, wenn es darum geht, unsere Ziele zu erreichen. Das zeigte beispielsweise eine Studie aus dem Jahr 1991: Sie belegte, dass Übergewichtige, die besonders positive Zielvorstellungen im Hinblick auf die Gewichtsabnahme pflegten, weniger Gewicht verloren als eine Vergleichsgruppe, die weniger positiv dachte.

Oettingen fand in ihren Forschungen heraus, dass zur Zukunftsvision vom Ziel die Visualisierung der Hindernisse auf dem Weg dahin kommen muss, um uns wirklich zur Zielerreichung zu motivieren. Sie nannte diesen Mix aus Träumen vom Ziel und des Vorstellens der Hindernisse auf dem Weg dorthin mentales Kontrastieren. Sie entwickelte gemeinsam mit einem weiteren Motivationsforscher, Peter M. Gollwitzer, dazu eine so wirksame wie einfache Methode, die sogenannte WOOP-Methode.

Ein großer Vorteil dieser Technik: Sie hilft Ihnen dabei, sich von Zielen zu verabschieden, die nicht erreichbar sind oder nicht von innen kommen, bzw. solche Ziele so umzudefinieren, dass sie auch realistisch erreichbar sind. Bei Vorhaben wie beispielsweise »Ich muss fünf Kilo abnehmen«, die begleitet sind von inneren Widerständen wie »... aber eigentlich habe ich dazu keine Lust«, funktioniert auch die WOOP-Methode nicht.

WOOP ist ein Akronym, dessen Anfangsbuchstaben für »Wish, Outcome, Obstacle, Plan« stehen, auf Deutsch: »Wunsch, Ergebnis, Hindernis, Plan«.

Die vier WOOP-Schritte

Die vier Begriffe bilden gleichzeitig die vier Schritte dieser Methode:

1. **W**ish – Wunsch: Denken Sie an etwas, das Ihnen sehr am Herzen liegt und das Sie grundsätzlich auch für erreichbar halten.
2. **O**utcome – Ergebnis: Hier fragen Sie sich, wie das bestmögliche Ergebnis aussieht, das Sie sich von der Erfüllung des Wunsches erhoffen. Stellen Sie sich dieses Ergebnis mit allen Sinnen vor.
3. **O**bstacle – Hindernis: Denken Sie nun an das größte Hindernis, das sich Ihnen auf dem Weg zum Ergebnis in den Weg stellen könnte. Hindernisse können mentale Barrieren in unserem Kopf sein, aber auch äußere Umstände oder andere Menschen.
4. **P**lan: Überlegen Sie, was Sie tun können, wenn das Hindernis wirklich auftaucht. Entwickeln Sie einen sogenannten Wenn-dann-Plan: Wenn das Hindernis auftaucht, dann mache ich …

Die Wirksamkeit der WOOP-Methode ist im Gegensatz zu der von vielen anderen Motivationsmethoden wissenschaftlich belegt. Eine wichtige Einschränkung muss man dabei allerdings machen: Sie funktioniert nur bei Zielvorhaben, die wirklich an die eigenen Wünsche gekoppelt sind. Werden uns Ziele von außen aufoktroyiert, kann sie nicht helfen.

Die WOOP-Methode in der Praxis – hier am Beispiel des Abnehmens

1. **W**ish – Wunsch: Was ist Ihr Herzenswunsch? Schlank sein und gesund bleiben bis ins hohe Alter.
2. **O**utcome – Ergebnis: Wie lautet das bestmögliche Ergebnis? 82 Kilo Gewicht.
3. **O**bstacle – Hindernis: Was ist das größte Hindernis? Meine soziale Anpassung beim Essen, nicht »Nein« sagen können.
4. **P**lan: Was ist mein Wenn-dann-Plan, um dieses Hindernis zu überwinden? Wenn ich mit anderen esse, dann esse ich langsamer und trinke mehr Wasser.

Und Ihre Wünsche?

Probieren Sie die WOOP-Methode aus:

1. Was ist mein Herzenswunsch?

2. Wie ist das bestmögliche Ergebnis?

3. Was ist das größte Hindernis?

4. Was ist mein Wenn-dann-Plan? Was tue ich also, wenn das Hindernis auftritt?

Lernidee Nr. 18: Probieren Sie die WOOP-Technik aus!

Psychologisches Kapital entwickeln und nutzen

Die Management-Wissenschaftler Luthans, Youssef und Avolio (2007, in: Tomoff, 2015, S. 7) haben das Konzept vom psychologischen Kapital entwickelt. Damit sind vier verschiedene Ressourcen gemeint, die jeder Mensch in unterschiedlicher Ausprägung in sich trägt und die entwickelt und trainiert werden können, um zuversichtlicher zu werden, besser arbeiten zu können und mehr zu leisten. Untersuchungen haben ergeben, dass Menschen, die über starke Ausprägungen dieser Ressourcen verfügen, ihre Berufs- und Lebensziele mit höherer Wahrscheinlichkeit erreichen und damit ein glücklicheres und erfolgreicheres Leben führen.

> Es ist nicht nur wichtig zu wissen, was Sie im Leben erreichen möchten (Ziele) und wie Sie leben möchten (Werte). Es ist auch wichtig herauszufinden, welche Fähigkeiten Sie dafür brauchen oder noch stärken sollten.

Die folgenden vier Ressourcen sind substanziell für ein erfolgreiches Leben:

1. **Hoffnung:** Wer über diese Ressource verfügt, arbeitet entschlossen an der Erreichung seiner Ziele, findet und nutzt selbst bei Hindernissen teils kreative Lösungswege und hält, auch wenn es schwierig wird, an seinen Zielen fest. Positive Emotionen und ein hohes Kontrollerleben sind Begleiterscheinungen der Hoffnung. Synonyme dafür sind Wille oder Ehrgeiz.
2. **Selbstwirksamkeit** ist der Glaube, selbst etwas bewirken zu können. Sie bezeichnet die individuelle Überzeugung, Herausforderungen gewachsen zu sein und über die dafür erforderlichen Kompetenzen zu verfügen. Menschen mit einer starken Ausprägung dieser Kompetenz sind energetischer und ausdauernder bei der Erreichung ihrer Ziele und nehmen neue Herausforderungen eher an als Menschen mit geringer Selbstwirksamkeit. Sie denken von sich: »Ich bekomme das hin!«, und strahlen das auch nach außen aus.
3. **Resilienz** lässt sich mit Widerstandsfähigkeit übersetzen. Sie beschreibt die Fähigkeit, negative Einflüsse abzuwehren und nach Rückschlägen und Krisen schnell wieder auf die Beine zu kommen. Ein starker Zusammenhalt in einer Gruppe und Werte, die dem eigenen Handeln einen Sinn geben, wirken

sich günstig auf unsere Resilienz aus. Resiliente Menschen lernen aus Fehlern und Erfolgen, lassen sich von ihren Zielen trotz aller Widrigkeiten nicht abhalten und blicken lösungsorientiert nach vorn.

4. **Optimismus** befähigt Menschen dazu, eine positive Erwartungshaltung gegenüber der Zukunft einzunehmen und offen für Veränderungen zu sein. Er sorgt dafür, dass wir negative Ergebnisse äußeren situativen Umständen zuschreiben, während wir Erfolge uns selbst und unseren Fähigkeiten zurechnen. Im Vergleich zu den Pessimisten gehen Optimisten konstruktiver mit eigenen und fremden Fehlern um und betrachten sie als neues Rüstzeug, das sie in die Lage versetzt, künftig Herausforderungen noch besser bewältigen zu können.

Analysiert man die Biografien prominenter Persönlichkeiten, entdeckt man viele Menschen, die über eine starke Ausprägung dieser vier Ressourcen und damit über ein starkes psychologisches Kapital verfügen:

- In der Politik: Mahatma Gandhi, Barack Obama, Martin Luther King, Helmut Schmidt, Willi Brandt
- Im Sport: Jürgen Klinsmann, Reinhold Messner, Jürgen Klopp, Dieter Baumann
- In der Medienwelt: Thomas Gottschalk, Angelina Jolie

Und wie steht es mit Ihnen? Sie können die Erfolgsfaktoren für ein glückliches Leben bei sich selbst »diagnostizieren«, indem

Sie sich und Ihr Umfeld fragen, wie stark sie bei Ihnen ausgeprägt sind und woran sich das festmachen lässt.

- Um das herauszufinden, eignet sich die Skalenfrage ganz gut, die Sie schon näher kennengelernt haben.
- Auch die Analyse Ihrer Sternstunden (siehe dazu das Kapitel »Potenziale entdecken mit der Sternstundenanalyse«) unterstützt Sie in diesem Vorhaben. Damit können Sie entdecken, in welchen Momenten Sie besonders selbstwirksam, optimistisch, hoffnungsvoll agiert und in widrigen Situationen Resilienz gezeigt haben.

Eine neue Meeting-Kultur

Die meisten Besprechungen folgen Mustern und Schemata wie diesen: Der Vorgesetzte lädt ein. Manchmal existiert eine Agenda, in der Themen aufgeführt werden, am Ende gerne auch mal mit dem Sammel-TOP »Sonstiges«. Einen Zeitplan zu den einzelnen Tagesordnungspunkten gibt es in der Regel nicht. Der Vorgesetzte ist der Moderator. Ein Großteil des Meetings wird darauf verwendet, alle Beteiligten zu informieren: Einer spricht, alle anderen hören zu. Dabei ist es egal, ob jeder Punkt für jeden Anwesenden interessant ist. Das führt dann oft dazu, dass Teilnehmer, die nicht in das gerade besprochene Thema involviert sind, ihre Mails checken oder andere »wichtige« Dinge erledigen. Manchmal beginnt direkt im Anschluss an das Treffen ein weiteres Meeting – leider in einem anderen Gebäudeteil. Für die letzten Punkte fehlt häufig die Zeit; es gibt keinen, der systematisch auf die Einhaltung der für die TOP angesetzten Zeitfenster achtet. Das Protokoll wird im Nachhinein erstellt und nur selten gelesen, genauso wie die Teilnehmer sehr selten vorbereitet in eine Besprechung kommen.

Anders, das heißt meist besser, sieht es aus, wenn man Besprechungen lösungsorientiert durchführt:

- Informationen zu den Themenpunkten werden vorab versendet.
- Die Agenda wird mit Fragen versehen statt mit Themen. Den Punkt »Sonstiges« gibt es nicht.
- Nur diejenigen werden dazu eingeladen, die einen Beitrag zur Beantwortung der Fragen leisten können.
- Für jede Frage wird eine Besprechungszeit festgelegt, die eingehalten werden muss; kontrolliert wird das über einen jeweils dafür verantwortlichen »Zeitnehmer« oder eine Countdown-Uhr, die man für alle sichtbar auf den Tisch stellt (z. B. Time Timer).
- Das Meeting dient dazu, Entscheidungen zu treffen; Informationen werden vorab gesendet und bearbeitet.
- Die Besprechung ist so kurz wie möglich angesetzt und auf eine Maximalzeit begrenzt, so z. B. auf 45 Minuten anstatt 60 Minuten (oder 20 statt 30 Minuten).
- Schweifen die Teilnehmer ab und kommt es zu Diskussionen oder Ausführungen, die nichts zur Beantwortung der Fragen beitragen, wird unterbrochen: »Was hat das mit der Fragestellung zu tun?«

- Jeder ist reihum Moderator.
- Die Ergebnisse werden live schriftlich festgehalten, so z. B. am Flipchart, in Word oder Excel via Beamer und danach sofort versendet, so z. B. als Foto-Protokoll.
- Bei Besprechungen, die mehr als 90 Minuten dauern, sollte es aus Gründen der Abwechslung und Effizienz Fragestellungen geben, die in Gruppenarbeit bearbeitet werden, um die Ergebnisse anschließend der Runde zur Entscheidung vorzulegen.

BEISPIEL: GRUPPENARBEIT

Fragestellung: Welche Aktionen wollen wir aus den Monatszahlen ableiten? (15 Minuten) Wer kümmert sich um welche Aktion? (5 Minuten)

Dokumentation der Ergebnisse: 1 Teilnehmer am Flipchart

Stand-up Meetings

Aus dem agilen Projektmanagement stammt die Technik der Daily Stand-up Meetings. Das sind kurze Besprechungen, die zu Beginn jedes Arbeitstages im Stehen abgehalten werden – daher auch der Name. Niemand steht gerne allzu lange, was die Dauer des Meetings auf natürliche Weise begrenzt. Reihum bringen sich alle auf den aktuellen Stand, indem sie jeweils kurz auf folgende Fragen eingehen:

- Wie bin ich gestern mit meiner Arbeit vorangekommen?
- Was liegt heute an?

- Welche Hindernisse gibt es aktuell, die der Erledigung dieser Arbeiten entgegenstehen?
- Wie räumen wir diese Hindernisse aus dem Weg?

Lernidee Nr. 19: Machen Sie Stand-up-Meetings zum festen Bestandteil Ihrer Besprechungskultur!

Auf einen Blick: Lösungsorientiert arbeiten

- Nur derjenige, der ein anziehendes Ziel vor Augen hat, hinter dem er selbst steht, kann motiviert und lösungsorientiert daran arbeiten, es zu erreichen.
- Eine Methode, gemeinsam attraktive Ziele sowie die dafür notwendigen Schritte zu definieren, ist die Erfolgstreppe.
- Nicht nur die äußeren Rahmenbedingungen müssen stimmen, auch die innere Haltung ist entscheidend dafür, ob wir unser Ziel erreichen. Motto-Ziele aktivieren positive Emotionen und helfen uns damit, uns zu Handlungen zu stimulieren, die uns dem Ziel näherbringen.
- Hindernisse und Schwierigkeiten auf dem Weg zum Ziel sind ganz normal. Je besser wir sie vorhersehen, desto leichter können wir sie überwinden. Die WOOP-Methode unterstützt Sie dabei.
- Hoffnung, Selbstwirksamkeit, Widerstandsfähigkeit und Optimismus sind Ressourcen, die uns dabei helfen, unsere Ziele erfolgreicher und schneller zu erreichen. Die gute Nachricht: Sie lassen sich allesamt entwickeln.

Lösungsorientiert führen

Eigenverantwortlich handelnde Mitarbeiter, die Freiräume haben, sind motivierter und bereit, die Extra-Meile zu gehen. Was sich in der Theorie gut anhört, ist für Führungskräfte oft gar nicht so leicht in die Praxis umzusetzen. Der lösungsorientierte Ansatz unterstützt Sie dabei.

In diesem Kapitel erfahren Sie unter anderem,

- warum lösungsorientiert geführte Mitarbeiter besser arbeiten,
- wie Sie eine positive Fehlerkultur schaffen,
- wie Sie die Stärken von Menschen stärken.

Alles eine Frage der Haltung?

BEISPIEL: DER STRENGE CHEF

Ralf Müller ist Bereichsleiter Vertrieb in einem großen Unternehmen. Er sitzt an seinem Schreibtisch und lässt die letzten Monate Revue passieren: Schon wieder haben sämtliche Mitarbeiter die von ihm gesteckten Umsatzziele nicht erreicht! Die Stimmung im Team wird immer schlechter. Und dann hat nun auch noch die beste Mitarbeiterin, die er hatte, gekündigt. Er grübelt. Was sagte sie noch, als sie ihm ihr Kündigungsschreiben überreichte? »Ich sehe hier keine Perspektive und kann nichts selbstverantwortlich entscheiden.« Herr Müller tut das ab als Quatsch. Mehr Eigenverantwortung? Dann tanzen sie mir doch alle auf der Nase herum und jeder macht, was er will! Dann schiebt doch jeder nur noch Dienst nach Vorschrift, und wir erreichen unsere Ziele erst recht nicht mehr .... nein, nein, was die brauchen, ist eine straffe Führung, sonst funktioniert hier gar nichts!«

So wie Ralf Müller aus dem Beispiel denken – leider immer noch – viele Führungskräfte. Sie haben ein negatives Menschenbild verinnerlicht und gehen davon aus, dass Mitarbeiter grundsätzlich träge und lustlos, desinteressiert und demotiviert sind. Deswegen richten sie ein System an Regeln und Kontrolle ein, das nur wenig Spielraum und Freiheiten lässt. Das führt zu einer Abwärtsspirale: Je nach Naturell passen sich die Mitarbeiter entweder an und ziehen sich innerlich zurück und ordnen sich unter, oder sie leisten Widerstand dagegen. Die Folge: Die Motivation und damit der Leistungswille sinken. Die Ergebnisse werden immer schlechter. Die Führungskraft registriert das und zieht die Daumenschrauben weiter an.

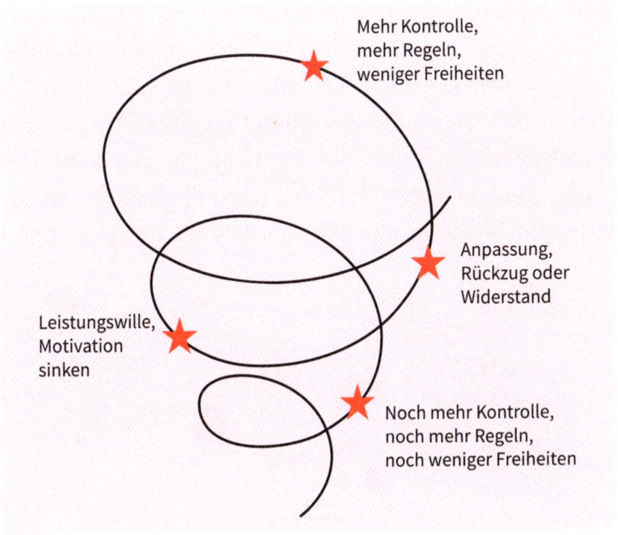

Negatives Menschenbild führt in eine Abwärtsspirale

Wer lösungsorientiert führt, gerät gar nicht erst in diesen Teufelskreis. Lösungsorientiertes Führen geht von einem positiven Menschenbild aus. Hier dominieren die wertschätzende Haltung und Einstellung, dass Mitarbeiter

- interessiert daran sind, sich zu entwickeln,
- lernfähig und veränderungsbereit sind,
- in der Lage sind, die Lösungen für arbeitsbezogene Probleme selbst zu finden,
- sich ihre Ziele selbst zu setzen,
- sich ihre Arbeitszeit selbst so einzuteilen, dass sie Termine halten können.

Wer von diesen Grundannahmen ausgeht, dem fällt es nicht schwer, anderen Handlungsspielräume und Freiheiten einzuräumen. Das zahlt sich aus, denn Mitarbeiter, die so arbeiten dürfen, erleben mehr Selbstwirksamkeit und übernehmen mehr Verantwortung für ihr Tun. Sie sind motivierter und damit auch bereit, mehr zu leisten und sich weiterzuentwickeln. Das bestätigen mittlerweile auch die Erkenntnisse von Hirnforschern.

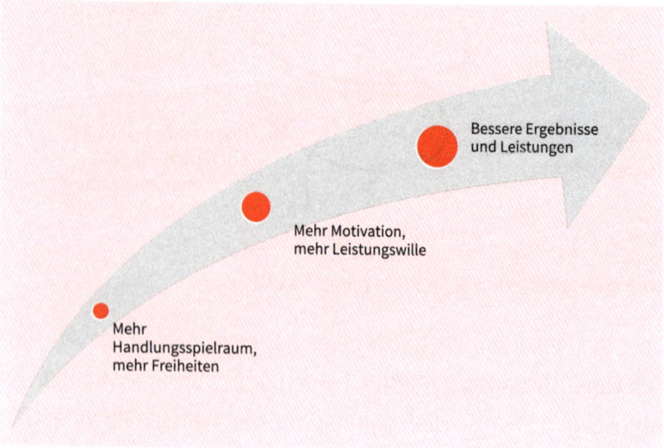

Positives Menschenbild – bessere Leistungen

Von Boxsäcken und Boxhandschuhen: Führen mit Metaphern

Metaphern sind höchst wirksame Mittel, auf indirekte, unaufdringliche und respektvolle Weise mit Menschen über Veränderungen zu sprechen und mit ihnen gemeinsam einen Lösungsweg aus einer problematischen Situation zu finden. Wenn wir

Menschen zuhören, gebrauchen sie häufig diese Sprachbilder, die wir sowohl zu einer Analyse des Problems als auch zur Analyse einer Zielvorstellung nutzen können.

BEISPIEL: DER BOXSACK

Führungskraft: »Hallo, nehmen Sie Platz, ich möchte mich gerne heute mal mit Ihnen über Ihren Arbeitsalltag austauschen. Wie war denn Ihr Kundenbesuch gestern?«

Mitarbeiter: »Also, ... Typ kalt wie eine Gefriertruhe ... Durchhänger ... kam nicht aus dem Quark ... hat sich benommen wie ein Anfänger ... Cross-Selling ... ausgepowert ... danach Beschwerdeanrufe: alle schlagen auf einen drauf ... sturer Hund ... Boxer in der Ecke ... aus den Fingern saugen ... blöde Kuh ... Schrott in der Liste ... wie das Leben so spielt ... am Boden zerstört.«

Führungskraft: »Ich verstehe. Bringen Sie doch bitte Ihre momentane Arbeitssituation nur mit einem Bild, also einer Metapher, auf den Punkt.

Mitarbeiter (nachdenklich, überlegt lange): »Ich fühle mich momentan wie ein Boxsack, wissen Sie, der in so einem Boxclub hängt.«

Führungskraft: »Wie sieht denn so ein Boxsack aus?«

Mitarbeiter: »Braun, länglich, aus Leder, abgewetzt, innen ist Sand, außen sind Dellen, dort, wo die Fäuste auftreffen.«

Führungskraft: »Wie geht's dem Boxsack?«

Mitarbeiter: »Schlecht. Der hat die Nase voll!«

Führungskraft: »Was denkt der sich so, wenn er da hängt?«

Mitarbeiter: »Dass er am liebsten ausweichen würde ... kann er aber nicht!«

Führungskraft: »Angenommen, der Boxsack hat einen Wunsch frei und darf innerhalb dieses Boxclubs etwas anderes sein – was möchte er denn sein?«

Mitarbeiter: »Am liebsten Boxhandschuhe!«

Führungskraft: »Was ist dann anders?«

Mitarbeiter: »Die teilen aus, da geht's auch mal anders rum zur Sache!«

Führungskraft: »Übertragen wir das Modell auf Ihren Arbeitsalltag. Wem möchten denn die Handschuhe zuerst gegenüberstehen?«

Mitarbeiter: »Na ja, dem Kunden gestern!«

Führungskraft: »Wie wird der Kunde spüren, dass Sie nicht mehr Boxsack, sondern Boxhandschuh geworden sind?«

Mitarbeiter: »Ich werde ihn natürlich nicht hauen, aber ihm mal meine Meinung sagen und nicht nur einstecken. Ich werde ihm in Ruhe erläutern, dass es Regeln der Zusammenarbeit gibt und dass ich sie mit ihm festlegen möchte, um für die Zukunft Konflikte oder Missverständnisse zu vermeiden. Das wird die Luft zwischen uns reinigen.

Das Beispiel zeigt es: Metaphern konstruieren Wirklichkeiten und organisieren unsere Wahrnehmung und unser Handeln.

> Lernidee Nr. 20: Über Sprachbilder können Sie anderen Menschen helfen, ihre Problemfokussierung zu verlassen und ihr psychologisches Kapital stärker zu nutzen.

Umgang mit Fehlern

Passieren Fehler, neigen viele Führungskräfte dazu, die Suche nach dem Schuldigen zu starten und zu analysieren, wie es dazu kam. Sie stellen Fragen wie:

- Wie konnte das nur passieren?
- Warum hast du das getan?
- Warum hast du nicht besser aufgepasst?

Das führt leider oft dazu, dass Fehler vertuscht oder kleingeredet werden. In einer lösungsorientierten Fehlerkultur sieht das anders aus. Hier herrscht ein Klima, in dem alle konstruktiv, offen und zukunftsgerichtet mit Missgeschicken umgehen und gemeinsam aus Fehlern lernen.

Doch wie funktioniert ein lösungsorientierter Umgang mit Fehlern?

Die Regeln

Besprechen Sie als Führungskraft mit Ihren Mitarbeitern, Ihrem Team, wie Sie miteinander umgehen wollen, wenn etwas schief gegangen ist: »Wie möchtest du, dass ich mit dir spreche, wenn du einen Fehler gemacht hast? Und wie möchte ich, dass du mit mir redest, wenn ich einen Fehler gemacht habe? Worauf wollen wir uns einigen?« Setzen Sie gemeinsam Regeln dafür fest, beispielsweise solche wie die folgenden.

- Fehler sind okay, wenn wir sie offenlegen, um aus ihnen zu lernen.
- Wir analysieren dabei auch Aspekte, die funktionieren, weil dort der Fehler nicht auftaucht – was ist hier anders?
- Wir arbeiten mit lösungsorientierten Fragen, um professioneller im Umgang mit Fehlern zu werden.

Die Phasen eines lösungsorientierten Fehlergesprächs

Ein Gespräch, in dem Fehler lösungsorientiert thematisiert werden, durchläuft am besten die folgenden Phasen.

- Phase 1: Gesprächsbeginn – Ziel: auf eine Wellenlänge kommen. Hier bietet sich ein kurzer Small Talk an.
- Phase 2: Die Auswirkungen des Verhaltens verdeutlichen mit zirkulären Fragen und Rollentausch – Ziel: Mitarbeiter versteht die Auswirkungen seines Verhaltens und ist echt betroffen.

BEISPIEL

Führungskraft: »Ich bin von anderen, nicht von dir, über einen Fehler informiert worden. Bevor wir darüber sprechen, wie sich das Ganze ergeben hat und was du schon zur Lösung gemacht und geplant hast, möchte ich mit dir über Auswirkungen deines Verhaltens sprechen. Was glaubst du sind die Auswirkungen?«

Mitarbeiter: »Du willst mit mir zuerst über die Auswirkungen sprechen ... also: es könnte einen maximalen Schaden von 20.000 Euro geben und ich bin der Depp der Woche.«

Führungskraft: »Das siehst du richtig, es geht aber noch weiter, wie glaubst du, wirkt sich dieser Vorfall auf die Beziehung zwischen uns beiden aus?«

Mitarbeiter: »Na ja, es war mir peinlich, deshalb habe ich nichts gesagt. Ich wollte, dass du eine gute Meinung von mir hast. Ich glaube jedoch, der Schuss ging nach hinten los. Du bist sehr stinkig auf mich, weil ich dir nichts darüber erzählt habe!«

Führungskraft: »Genau, gut erkannt! Versetz dich mal bitte in meine Lage: Da kommt der Kollege zu mir und sagt: »Was ist da los bei dir?!« – und ich stehe da wie ein Depp! Wenn ich dem Kollegen nächstes Mal was sagen will, wie wird der da reagieren?«

Mitarbeiter: »Der wird dich wahrscheinlich ganz schon auflaufen lassen. Das tut mir echt leid. Das hatte ich nicht bedacht, dass das so weite Kreise zieht. Sorry!«

- Phase 3: Klärung in der Sache – Ziel: Fragestellungen zum Umgang mit dem Fehler ausarbeiten

BEISPIEL

Führungskraft: »Entschuldigung angenommen! Welche zwei Fragen haben wir jetzt zu klären?«

Mitarbeiter: »Wie kriegen wir die Kuh vom Eis?«, und: »Wie verhindere ich, dass ähnliche Fehler wieder geschehen?«

Führungskraft: »Genau: was machst du idealerweise, wenn du solche Bestellungen machst?« Mitarbeiter: »...«

Führungskraft: »Was hast du bei dieser Bestellung anders gemacht?« Mitarbeiter: »...«

Führungskraft: »Wie kriegst du das das nächste Mal wieder hin, dass du auf dem Ideal-Weg bleibst? Mitarbeiter: »...«

- Phase 4: Abschluss – Ziel: Erstellen eines Aktionsplans

BEISPIEL

Führungskraft: »Genau – und jetzt sag mal, wie genau wir die Kuh vom Eis kriegen ...!«

Teamregeln erstellen auf paradoxe Art

Vor allem in intensiven Projektphasen mit großem Zeitdruck geht es hoch her in Teams. Da ist es gut, wenn man in ruhigeren Phasen Regeln zur Zusammenarbeit trifft, auf die man sich in stressigen und konfliktträchtigen Zeiten stützen kann und die eine stabile Basis des Miteinanders bilden.

Wie wollen wir miteinander im Team umgehen? Um das herauszufinden, gibt es eine herrlich paradoxe Methode, die allen viel Spaß macht. Sie besteht aus zwei Phasen.

Phase 1: Brainstorming

In Phase Nr. 1 fragt sich das Team: »Wie können wir unsere Zusammenarbeit ruinieren?« Nun ist Brainstorming angesagt. Alle schreiben für sich das auf, was ihnen dazu einfällt, beispielsweise:

- Absprachen nicht einhalten
- Über andere tratschen

- Den Job nicht gut machen, andere müssen nachbessern
- Lügen
- Schuld für Fehler auf andere schieben
- Fehler verheimlichen
- Nur für sich arbeiten
- Anderen nicht helfen

Sämtliche Ergebnisse aus dem Brainstorming werden auf einem Flipchart notiert.

Phase 2: Umwandlung in lösungsorientierte Regeln

Gemeinsam werden die Negativ-Punkte in positive Aspekte umgewandelt. Hilfreich ist dabei die lösungsorientierte Frage: »Wenn wir das nicht wollen, was wollen wir denn stattdessen?« So ergeben sich beispielsweise folgende Ergebnisse, die ebenfalls auf einem Flipchart festgehalten werden:

- Rechtzeitig Bescheid geben, wenn Absprachen nicht eingehalten werden können; ehrlich mit sich und anderen sein
- Sich entschuldigen für Fehler, Verantwortung übernehmen
- Andere unterstützen, auch um Hilfe bitten
- Fehler frühzeitig mitteilen

> Unterschreiben alle diese Regeln, erhöht das die Verbindlichkeit.

Konfliktgespräche moderieren

Konflikte im Team lassen sich nicht vermeiden. Sie totzuschweigen oder auszusitzen ist keine gute Lösung. Die unbewältigten Probleme schwelen dann im Untergrund weiter und beeinträchtigen die Zusammenarbeit und letztlich auch die Arbeitsergebnisse. Sind Sie Führungskraft, sollten Sie die Konfliktklärung gemeinsam mit Ihrem Team angehen. Auch hier ist ein lösungsorientiertes Vorgehen mit den entsprechenden Fragetechniken sehr hilfreich.

Setzen Sie ein Meeting an, für das Sie sich mindestens eine Stunde Zeit nehmen und planen Sie die folgenden Phasen dafür ein.

- **Phase 1: Stimmungsbarometer** – Um ein erstes Bild von der Stimmung im Team zu bekommen, stellen Sie am Anfang eine Skalenfrage: »Wie gut empfindet Ihr momentan die Zusammenarbeit im Team auf einer Skala von 1 bis 10, wenn 10 bedeutet: ›So gut, dass ich kaum nach Hause möchte‹, und 1 bedeutet: ›So schlecht, dass ich Montag morgens gar nicht hierhin möchte.‹?«
- **Phase 2: Herausarbeiten des Positiven** – Teilen Sie das Team in Kleingruppen ein. Jedes Team bekommt den folgenden Arbeitsauftrag: »Haltet fest, was euch an positiven Dingen im Team auffällt: wo ihr gute Zusammenarbeit seht, zwischen wem die Zusammenarbeit harmonisch läuft und so weiter.« Im Anschluss an das Brainstorming präsentieren die Kleingruppen ihre Ergebnisse. Der Effekt dieser Phase: Die Stimmung wird ein wenig besser.
- **Phase 3: Perspektivwechsel** – Hier bitten Sie als Führungskraft jeden Ihrer Mitarbeiter, sich für 10 Sekunden in jeden

Kollegen hineinzuversetzen: »Was glaube ich, was dieser Kollege sich von mir wünscht, was ich anders, mehr oder weniger machen könnte, damit die Beziehung besser wird?« Jeder hat 5 Minuten Zeit, seine Antworten aufzuschreiben.

- **Phase 4: Feedback** – Hier tauscht sich das Team über seine Vermutungen aus Phase 3 aus und die Wünsche, die die anderen jeweils wirklich haben. Im Anschluss daran wird auf einem Flipchart notiert, welche Wünsche zur Zusammenarbeit bestehen.

Initiieren Sie nach circa vier Wochen ein neues Meeting, in dem alle gemeinsam schauen, welche Wünsche umgesetzt wurden und ob sich die Stimmung im Team mittlerweile verbessert hat.

Jahres- und Mitarbeitergespräche

Schwierige Gespräche gibt es im Berufsleben immer wieder. Vor allem Führungskräfte sehen sich oft mit Gesprächssituationen konfrontiert, die nicht einfach sind, so beispielsweise, wenn es Konflikte mit Mitarbeitern gibt oder es an der Zeit für die Jahresgespräche ist. Auch hier hilft Lösungsorientierung weiter.

> »Wenn du es eilig hast, gehe langsam« (Chinesisches Sprichwort)

Oberste Prämisse für ein solches Gespräch ist Zeit. Geben Sie Ihrem Gesprächspartner genügend Zeit, selbst eine Lösung zu entwickeln. Zu oft finden Unterredungen zwischen Tür und Angel statt. Kein Wunder: Hektik und Stress prägen unseren Arbeitsalltag. Nicht ohne Grund gibt es in den USA den Ausdruck »Hurry Sickness« (zu Deutsch: Hetz-Krankheit). Mithilfe von langen Pausen zwischen den lösungsorientierten Fragen geben wir unserem Gesprächspartner die Gelegenheit, tief in seine Gedankenwelt abzutauchen und selbst auf die Suche nach Lösungen zu gehen. Die günstige Wirkung dieser Pausen auf Herz und Hirn ist sogar wissenschaftlich erwiesen (Blase & McKergow in: Lueger & Korn, 2006). Lernen Sie also das Schweigen auszuhalten, das entsteht, wenn der andere nachdenkt.

Wenn ein Mitarbeiter seine Ziele nicht erreicht hat, so kann man entweder problemorientiert über die Defizite sprechen oder aber lösungsorientiert über die Fähigkeiten, die er stärker braucht, um seine Ziele im nächsten Jahr zu erreichen. Bei einem solchen Gespräch spielen die lösungsorientierten Fragen, die Sie im Kapitel »Lösungsorientiert kommunizieren« kennengelernt haben, eine große und wichtige Rolle.

Natürlich läuft jedes Gespräch je nach Kontext und Thema anders ab. Es sollte aber immer den grundlegenden Prinzipien der Lösungsorientierung folgen. Übertragen auf Mitarbeitergespräche bedeutet das:

- Der Fokus liegt nicht auf der Vergangenheit, sondern auf der Zukunft. Es geht also nicht darum, vergangene Fehler oder sonst Negatives zum Mitarbeiter zu besprechen, sondern gemeinsam darauf zu blicken, was in der Zukunft getan werden kann, damit es besser wird.
- Das Gute wird herausgestellt. Was funktioniert schon gut, worauf der Mitarbeiter aufbauen kann? Welche seiner bereits vorhandenen Fähigkeiten und Ressourcen helfen ihm dabei?

- Nicht der Vorgesetzte entwickelt Lösungswege und »stülpt« dem Mitarbeiter seine Ideen über, sondern er führt diesen mittels passender lösungsorientierter Fragen dahin, selbst eine Lösung zu finden.

Wie ein solches Gespräch geführt werden kann, sehen Sie anhand des folgenden Beispiels, das bewusst lang gehalten ist. Lesen Sie den Dialog aufmerksam und reflektieren Sie: Erkennen Sie die lösungsorientierten Fragen und Prinzipien wieder?

Führungskraft: »Grüß' dich, du hast dich auf unser Gespräch vorbereitet? Ich wollte ja mit dir besprechen, was du glaubst, worin du stärker werden möchtest, damit ich schauen kann, wie unser Unternehmen und ich dich unterstützen können. *Was ist dein Anliegen?* An welcher deiner Fähigkeiten möchtest du arbeiten?«

Mitarbeiter: »Ich möchte an meiner *Durchsetzungsfähigkeit* arbeiten.«

Führungskraft: »Okay, ich würde gern mal mit einer *Skalenfrage* anfangen. Damit können wir schauen, was bereits in deinem Leben an Durchsetzungsfähigkeit da ist. Wie schätzt du denn deine Durchsetzungsfähigkeit so im Allgemeinen ein?«

Mitarbeiter: »Ganz allgemein?«

Führungskraft: »Genau, ganz allgemein! 10 auf der Skala heißt: ›Hey, hör mal, wenn ich was will, dann kriege ich das auch! Ich kenne zig Wege das zu tun, ich bin sehr variantenreich, ich bin sehr strategisch, ich bin nicht auf den Mund gefallen, ich weiß genau, wie ich meine Pappenheimer zu nehmen habe, und ich sage, was ich denke.‹ 1 bedeutet: ›Man muss mich schon fragen, damit ich das kriege, was ich haben will, oder damit ich das sage, was ich denke.‹«

Mitarbeiter: »Hm, dann stehe ich zwischen 6 und 7!«

Führungskraft: »Das heißt, es gibt einige Pluspunkte – da ist schon Einiges da, was du gut nutzen kannst. Was sind denn solche Pluspunkte, von denen du sagst: ›Kann ich, tu ich, mach ich, weiß ich‹?«

Mitarbeiter: »Ich kann mich ganz gut in Situationen durchsetzen, in denen ich mich wohlfühle, in denen ich keine Konsequenzen fürchte, wenn ich meine Meinung sage, und sie auch umgesetzt haben will. Im Privaten habe ich damit gar keine Schwierigkeiten, also in der Familie und im Freundeskreis, das funktioniert.«

Führungskraft: »Was sind das für Eigenschaften, die du als Pluspunkt mitbringst, wenn es um das Thema Durchsetzungskraft geht?«

Mitarbeiter: »Also ich glaube schon, dass eine meiner Stärken ist, dass ich eben nicht sofort lospresche und vielleicht etwas Falsches sage, sondern dass ich es erst einmal durchdenke. Ich überlege dann: ›Was willst du jetzt sagen?‹. Zumindest wenn es mit Konsequenzen verbunden ist, sage ich schon mal was anderes als ich fühle. Aber das hat ja auch was Positives, wenn ich meine Durchsetzungsfähigkeit dann zurücknehme. Ich glaube schon, dass das in manchen Situationen auch ganz hilfreich ist.«

Führungskraft: »Du sagst: Es ist hilfreich in manchen Situationen, es zu durchdenken, bevor du losprescht.«

Mitarbeiter: »Genau.«

Führungskraft: »Du hast also schwerpunktmäßig Stärken im analytischen Bereich?«

Mitarbeiter: »Ja genau, das ist so meine Strategie. Das passt sehr gut!«

Führungskraft: »Gut, dann könnten wir sagen, wir haben die Pluspunkte schon gefunden. Okay, mal angenommen du hast gut an dir gearbeitet und wir treffen uns in einem halben Jahr wieder und ich sage: ›Was macht denn deine Durchsetzungsfähigkeit?‹, und du sagst: ›Die liegt jetzt schon bei 7 bis 8!‹. Und dann sag ich: ›Oh, lass mich kurz nachdenken, das ist ein Punkt mehr!‹ Wofür möchtest du dir denn *den Punkt mehr* geben?«

Mitarbeiter: »Dafür, dass ich mich jetzt auch bei Ranghöheren durchsetze, auch ihnen gegenüber sage, was ich denke.«

Führungskraft: »Okay, dann notier das mal bitte so. »Ich möchte durchsetzungsfähiger sein in Situationen, in denen Führungskräfte anwesend sind. ... Nimm doch bitte mal ein Blatt, male eine Sonne auf mit Strahlen und schreibe ›Durchsetzungsfähigkeit plus 1‹ in die Mitte der Sonne. Und an die Sonnenstrahlen schreibst du die Namen all derer, denen es auffallen wird, dass deine Durchsetzungsfähigkeit gestiegen ist.

Mitarbeiter: »Ich schreibe dort die Namen aller Teamleiter auf, die nun wissen, was ich denke, weil ich ihnen ehrlich Feedback gebe nach den Projekten. Und an einen anderen Strahl noch den Namen eines Bereichsleiters ...«

Führungskraft: »Was glaubst du: Was sagen die Teamleiter zu dir, wenn du auf professionelle Weise Feedback gibst?«

Mitarbeiter: »Ich glaube schon: ›Danke für die Rückmeldung‹.«

Führungskraft: »Und wenn sie deine Einschätzungen nicht teilen – widersprichst du ihnen dann?«

Mitarbeiter: »Ich glaube, dass ich auch mal widerspreche, ja. Einer von denen wird es tot diskutieren und ein anderer wird es, glaube ich, akzeptieren.« (Deutet auf die Namen von zwei Teamleitern.)

Führungskraft: »Okay, schreib das bei den Namen ruhig dazu: ›Ich habe hier mehr Akzeptanz, ich werde gehört.‹«

Mitarbeiter: »Bei dem einen Bereichsleiter erwarte ich Widerstand. Da muss ich mich erst mal trauen, das zu machen.«

Führungskraft: »Kannst du dich erinnern, dass du dich in der Vergangenheit schon einmal bei diesem Vorgesetzten getraut hast, deine Meinung zu vertreten und dabei auch Recht bekommen hast?«

Mitarbeiter (überlegt lange): »Ja, es gab einmal eine schwierige Verhandlung mit einem Kunden. Da habe ich mich mit ihm vorher abgesprochen und mit ihm geklärt, was mein Part ist und was sein Part ist und was der Zweck der Unterredung sein wird. Das war ein konstruktives Gespräch – und obwohl wir anfangs unterschiedlicher Meinung waren, konnte ich mich durchsetzen. Er hat es auch gut angenommen und war nicht böse oder so!«

> Lernidee Nr. 21: Verzichten Sie auf Tipps und Ratschläge, seien sie auch noch so gut gemeint. Lösungsorientierte Fragen reichen aus, um andere zur eigenen Lösung zu führen.

Mitarbeiter motivieren

Oben ist es bereits angeklungen: Ziele von oben nach unten vorzugeben und Druck zu machen, sind Methoden von gestern. Menschen wollen gefragt und unterstützt werden, dann bringen sie ihre besten Leistungen und bewältigen Aufgaben, die sich selber im Vorfeld nicht zugetraut hätten.

Der lösungsorientierte Ansatz ist geradezu prädestiniert dafür, Mitarbeiter zu motivieren. Denn er stellt die Ressourcen und Kompetenzen und die Selbstwirksamkeit des Einzelnen in den Vordergrund. Wer lösungsorientiert führt, bindet seine Mitarbeiter aktiv in die Entscheidungsfindung ein und stärkt ihre Eigenverantwortung. Das hat zur Folge, dass sie nicht resigniert sagen: »Ich kann das nicht!«, und die Aufgabe wieder nach oben delegieren, sondern sich engagiert auf die Suche nach Lösungen machen und sich auf das Positive konzentrieren – und genau das motiviert ungemein. Auch hier spielen wieder die lösungsorientierten Fragen eine Rolle. Wie sehr, zeigt das folgende Beispiel.

BEISPIEL: MITARBEITER MOTIVIEREN MIT ERFOLGSGESCHICHTEN

Ein Filialleiter erzählt seinen Mitarbeitern folgende Geschichte: »Stellt euch bitte vor, wir machen eine Bergwanderung zusammen. Wir haben sie gut geplant, alles ist gut vorbereitet. Wir haben die Route festgelegt und Proviant dabei. Wir gehen alle gemeinsam und achten aufeinander; keiner wird zurückgelassen. Allmählich lassen wir die letzten Häuser hinter uns, wir gehen sicher auf dem Pfad voran, haben gute Laune.

Bald darauf haben wir schon die Hälfte des Berges geschafft. Wir machen eine Pause, wir schauen kurz zurück, nicken voller Stolz, wir liegen wunderbar in unserem Zeitplan und gehen Schritt für Schritt voran und dann sehen wir den Gipfel schon, alles wird leichter, wir gehen schneller, wir haben es gleich geschafft. Jetzt haben wir das Gipfelkreuz erreicht! ... Ihr schaut euch um, ... wie fühlt ihr euch?

Und jetzt lasst uns das mal auf unsere Filiale übertragen. Stellt euch mal vor, es ist der 21. Dezember. Wir starten den PC und da ploppt ein wunderschönes Ergebnis auf: wir haben das Umsatzziel erreicht ... wie geht es euch dann?«

»Freude, Stolz, unglaublich, schön ...« sind die ersten vorsichtigen Äußerungen der Mitarbeiter.

»Wie wollen wir das feiern?«, fragt der Filialleiter und sammelt die Vorschläge dafür am Flipchart.

> Lernidee Nr. 22: Menschen können sich selbst übertreffen, wenn sie ihre Stärken abrufen und sich auf ihr Potenzial besinnen.

Die Sinnfrage

Ergibt das, was ich tue, einen Sinn? Diese Sinnfrage hat sich wohl jeder schon auf die eine oder andere Weise gestellt, Führungskräfte wie Angestellte. Wenn wir merken, dass das, was wir tun, für uns einen höheren Sinn ergibt, erhöht das die Motivation ungemein.

Was gibt Ihrem Leben einen Sinn? Trägt Ihre Tätigkeit dem Rechnung? Und wie ist das bei Ihren Mitarbeitern? Wie wäre es, wenn Sie diese Fragen im Team thematisieren würden? Es ist spannend, was dabei herauskommen kann. Da sind die einen, die mit ihrer Arbeit etwas Entscheidendes für die Kunden bewegen wollen – die anderen wiederum arbeiten, um ihrer Familie und sich selbst ein schönes Leben zu ermöglichen – wieder andere wollen Macht oder Ruhm oder beides in ihrem Leben. Es gibt unzählige Varianten; sie sind so unterschiedlich wie die Menschen selbst.

Kennen Sie die Beweggründe Ihrer Mitarbeiter, können Sie Ihre Art, sie zu führen und lösungsorientiert zu unterstützen, danach ausrichten. So motiviert es den einen, dem das Familienleben sehr wichtig ist, vielleicht überhaupt nicht, Karriere zu machen, weil er dann viel weniger Zeit für die Familie hat. Für den Erfolgsorientierten dagegen ist die Aussicht auf eine höhere Position Motivationsfaktor Nr. 1.

Stärken stärken

Unternehmensinterne Trainings und Seminare sind meist daran orientiert, die Schwächen der Mitarbeiter »auszumerzen«. Auch in Mitarbeitergesprächen stehen sie im Vordergrund: Man bespricht, was alles nicht gut gelaufen ist und was noch verbesserungswürdig ist. Doch wie wäre es, wenn einmal nicht die Schwächen, sondern das Stärken der Stärken im Fokus stünde? Wenn man die Aufgaben im Team oder in einer Abteilung nicht nach der Position, sondern ausschließlich orientiert an den

Stärken einteilte? Es wäre sicherlich vieles leichter, denn starke Mitarbeiter erbringen selbstbewusst starke Leistungen.

Auf der Suche nach Stärken

Um die Stärken zu stärken, gilt es erst einmal herauszufinden, wo diese beim einzelnen Mitarbeiter liegen. Hierfür gibt es mehrere nützliche Tools. Einige davon haben Sie bereits kennengelernt, so beispielsweise die Sternstunden-Analyse und die Biografie-Arbeit.

Eine weitere ausgezeichnete Möglichkeit bietet die Methode »Life Orientation« (Lebensorientierung) des Unternehmens LPC. Damit kann man die bevorzugten Verhaltensstile von Menschen und auch ihre Stärken gut einschätzen. Die vier Grundstile der LIFO®-Methode sind

- Leistung,
- Aktivität,
- Vernunft und
- Kooperation.

Alle Menschen handeln nach diesen Stilen, jedoch in unterschiedlicher Ausprägung. Dabei gilt, dass es keinen besseren oder schlechteren LIFO®-Stil gibt; alle vier Verhaltensstile sind gleich positiv und jeder kann erfolgreich sein. Mit dem LIFO®-Fragebogen werden die individuellen Verhaltenspräferenzen ermittelt. Die Ergebnisse können unter anderem für die Erstellung von Stärkenprofilen verwendet werden.

Folgende vier Verhaltenspräferenzen werden unterschieden.

Unterstützend/Hergebend

Menschen, bei denen diese Verhaltenspräferenz dominiert, legen Wert darauf, von anderen für ihre Leistungen geschätzt und akzeptiert zu werden. Bei ihnen stehen Qualität und Werte im Vordergrund. Ihnen kommt es darauf an, sinnvolle und anspruchsvolle Aufgaben zu erfüllen und andere Menschen zu unterstützen. Sie sind bereit, auch einmal zurückzustecken, um sicherzustellen, dass ihre Ideale nicht verlorengehen.

Stärken:

- Bewundert andere, unterstützt die Leistung anderer
- Stellt hohe Ansprüche an sich und andere
- Vertraut und glaubt anderen
- Hilft anderen und nimmt sie in Schutz

Schwächen:

- Gibt unnötige Hilfe und Ratschläge
- Ist schnell enttäuscht und in zwischenmenschlichen Dingen sehr kritisch
- Lässt sich zu stark auf Aufgaben ein und opfert eigene Interessen
- Wenn er keinen Wert sieht, packt er nicht an

Welche Rollen und Aufgaben passen: Menschen mit dieser Verhaltenspräferenz sind ideale Teamplayer. Können sie sich mit den Zielen identifizieren, legen sie sich ordentlich ins Zeug. Sie integrieren andere und wirken ausgleichend, wenn es zu Spannungen kommt. Sie sind ideal für Aufgaben, die den intensiven Kontakt mit Kunden erfordern.

Anpassend/Harmonisierend

Menschen mit dieser Verhaltenspräferenz kommt es darauf an, bei anderen beliebt zu sein. Sie wollen anderen gefallen und jeder soll mit der Zusammenarbeit zufrieden sein. Deswegen passen sie sich gerne an und orientieren sich primär an anderen.

Stärken:

- Feines Gespür für Gefühle und Bedürfnisse
- Gestaltet Beziehungen noch positiver
- Reagiert flexibel, keine festgefahrenen Muster
- Vermittelt bei gegensätzlichen Meinungen

Schwächen:

- Scherzt gerne, auch wenn es unangebracht ist
- Hält eigene Ansichten zurück, passt sich an
- Verbringt seine Zeit gerne in Sitzungen und Zusammenkünften
- Sieht Neues überoptimistisch

Welche Rollen und Aufgaben passen: Menschen mit dieser Verhaltenspräferenz können gut im Kontakt mit schwierigen Kunden eingesetzt werden oder als harmonisierendes Bindeglied in konfliktanfälligen Teams.

Bewahrend/Festhaltend

Wer überwiegend diesen Verhaltensstil zeigt, geht am liebsten auf Nummer sicher und vermeidet, wenn möglich, jedes Risiko. Sein Ziel ist es, vernünftig und objektiv entscheiden zu können. Dafür braucht er Fakten und methodisch einwandfreie Verfahren, die er sorgfältig analysiert und anwendet. Neues schreckt ihn eher ab. Er baut am liebsten auf Vorhandenem auf.

Stärken:

- Analysiert, interpretiert und nutzt Fakten
- Begründet seine Meinung, zeigt Alternativen
- Arbeitet methodisch, sauber, umsichtig, abwägend
- Maximiert, was bereits vorhanden ist

Schwächen:

- Verliebt in Fakten, verliert dadurch Interesse anderer
- Verwirrt andere durch zu viele Wahlmöglichkeiten
- Braucht Kontrolle durch Systeme, Strukturen
- Akzeptiert ungern Neues

Welche Rollen und Aufgaben passen: Geben Sie Menschen mit dieser Verhaltenspräferenz Aufgaben, die tief ins Detail gehen und eine hohe Präzision und Genauigkeit erfordern. Routinetätigkeiten sind für sie eher geeignet als Aufgaben, die Kreativität und Spontaneität verlangen.

Bestimmend/Übernehmend

Menschen mit dieser Verhaltenspräferenz genießen es, wenn sie etwas bewegen und Hindernisse aus dem Weg räumen können. Sie sind Macher und übernehmen gerne Verantwortung. Inaktivität, Eindimensionalität und Stillstand lähmen sie.

Stärken:

- Übernimmt Führung
- Treibt Dinge voran
- Erfreut sich an Herausforderungen
- Sucht verborgene Widerstände

Schwächen:

- Dominiert und unterbricht andere
- Schafft Unsicherheits-Atmosphäre
- Nimmt riskante, unnötige Herausforderungen an
- Verfolgt Neues auf Kosten des Laufenden

Welche Rollen und Aufgaben passen: Menschen, bei denen dieser Verhaltensstil besonders ausgeprägt ist, sind gut geeignet für Führungs- und Leitungsaufgaben sowie für Tätigkeiten, in denen es auf Durchsetzungsstärke ankommt, so z.B. im Außendienst.

Auf einen Blick: Lösungsorientiert führen

- Wer lösungsorientiert führt, räumt seinen Mitarbeitern Handlungsspielräume und Freiheiten ein. Das zahlt sich aus, denn wer so arbeiten darf, übernimmt mehr Verantwortung für sein Tun, ist motivierter und damit auch bereit, mehr zu leisten und sich weiterzuentwickeln.
- Jeder muss seinen eigenen Lösungsweg finden – das gilt auch im Berufsleben. Lösungsorientierte Führungskräfte helfen ihren Mitarbeitern dabei. Besonders gut geht das mithilfe von Metaphern.
- Eine positive Fehlerkultur ist die Basis für ein konstruktives Miteinander. Sie zusammen mit den Mitarbeitern zu etablieren, ist eine wesentliche Aufgabe von Führungskräften.
- Konflikte im Team totzuschweigen oder auszusitzen ist keine gute Idee. Die unbewältigten Probleme beeinträchtigen die Zusammenarbeit und letztlich auch die Arbeitsergebnisse. Sind Sie Führungskraft, sollten Sie die Konfliktklärung gemeinsam mit Ihrem Team angehen. Lösungsorientierte Fragetechniken helfen dabei.
- Der lösungsorientierte Ansatz ist ideal, wenn es darum geht, Mitarbeiter zu motivieren. Wer lösungsorientiert führt, bindet seine Mitarbeiter aktiv in die Entscheidungsfindung ein und stärkt ihre Eigenverantwortung – und das alles motiviert ungemein.
- Die Stärken der Mitarbeiter stärken, statt den Fokus auf die Schwächen zu richten – wer nach dieser Devise führt, hat ein motivierteres und erfolgreiches Team. Eine gute Technik, die Stärken herauszuarbeiten, ist die LIFO®-Methode.

Lernideen im Überblick

1. Schreiben Sie die Fakten zu einem Thema, das Sie bewegt, auf. Unterscheiden Sie dabei ganz klar Tatsachen von Annahmen und Schlussfolgerungen, die Sie daraus ziehen und die nicht belegt sind.
2. Erkennen Sie, was funktioniert, und machen Sie mehr davon!
3. Machen Sie sich auf die Suche. Welche Fähigkeit möchten Sie in den Mittelpunkt Ihres Anliegens stellen?
4. Was können Sie alles? Was fällt Ihnen leicht? Schreiben Sie all Ihre Stärken auf. Fragen Sie auch andere, was sie an Ihnen gut finden!
5. Analysieren Sie die Sternstunden in Ihrer Biografie und führen Sie sich vor Augen, welche Ihrer Fähigkeiten zu Ihrem Erfolg beigetragen haben.
6. Ziehen Sie aus den Ereignissen der Vergangenheit die Kompetenzen für Ihre Gegenwart und Ihre Zukunft.
7. Wenn etwas schiefgegangen ist, stellen Sie keine Warum-Fragen – weder anderen noch sich selbst!
8. Überlegen Sie – wann und wem stellen Sie selbst »Warum«-Fragen? Wie gehen andere damit um?
9. Analysieren Sie das, was funktioniert – nicht das, was nicht funktioniert!
10. Helfen Sie anderen dabei, ihre Lösungen selbst zu finden. Kommt die Lösungsidee von demjenigen, der das Anliegen hat, steigt die Wahrscheinlichkeit für eine erfolgreiche Veränderung.

11. Starten Sie Ihre Vorhaben, indem Sie sich als Erstes ein Bild vom Happy End Ihres Anliegens machen!
12. Nutzen Sie Beziehungsfragen, um Ihren Gesprächspartner nachdenklich zu machen!
13. Finden Sie mithilfe des Perspektivwechsels mehr über sich heraus!
14. Streichen Sie das Wort »müssen« aus Ihrem Sprachschatz!
15. Probieren Sie Skalenfragen aus und entwickeln Sie kreative Beschreibungen der 10, die im besten Falle andere zum Lächeln bringen.
16. Finden Sie heraus, wie Sie in fünf Jahren leben und arbeiten möchten!
17. Entwickeln Sie Ihren Wunsch zu einem Motto-Ziel!
18. Probieren Sie die WOOP-Technik aus!
19. Machen Sie Stand-up-Meetings zum festen Bestandteil Ihrer Besprechungskultur!
20. Über Sprachbilder können Sie Menschen helfen, die Problemfokussierung zu verlassen und ihr psychologisches Kapital stärker zu nutzen.
21. Verzichten Sie auf Tipps und Ratschläge, seien sie auch noch so gut gemeint. Lösungsorientierte Fragen reichen aus, um andere zur eigenen Lösung zu führen.
22. Menschen können sich selbst übertreffen, wenn sie ihre Stärken abrufen und sich auf ihr Potenzial besinnen.

Literatur

Bamberger, G. G.: Lösungsorientierte Beratung, Psychologie Verlags Union, 1999.

Bandura, A.: Self efficacy – The exercise of control, 1997.

Cauffman, L.: The solution tango, 2006.

Eberling, W.; Hargens, J.: Einfach kurz und gut. Zur Praxis der lösungsorientierten Kurztherapie, Modernes Lernen, S. 312 – 339, 1996.

Fisher, R., Ury, W.; Patton, B.: Das Harvard-Konzept, 1997.

Fritz, R.: Den Weg des geringsten Widerstandes managen, 2000.

Furman, B.; Ahola, T.: Lösungen von einem anderen Stern, 2004.

George, D. u. a.: Couple similarity on stimulus characteristics and marital satisfaction.Personality and Individual Differences, 2015.

Gordon, T.: Die neue Familienkonferenz – Erziehen ohne zu strafen, 1994.

Gordon, T.: Managerkonferenz – Effektives Führungstraining, 2005.

Gottman, J.: The seven principles for making marriage work, 2007.

Gray, J.: Männer sind anders. Frauen auch, 1992.

Harris, T. A.: Ich bin o.k. – Du bist o.k., 1975.

Jackson, P. Z.; McKergow, M.: Solution Focus The simple way to positive change, 2002.

Leimon, A.; Mcahon, G.: Positive Psychologie für Dummies, 2012.

Lundin, S. C.; Pual, H. & Christensen, J.: Fish – ein ungewöhnliches Motivationsbuch, 2001

Mehlmann, R.; Röse, O.: Das LOT-Prinzip, 2000.

Oettingen, G.: Die Psychologie des Gelingens, 2015.

Röhrig, P. (Hrsg.): Solution Tools, www.managerseminare.de/shop, 2008.

De Shazer, S.: Der Dreh, 1997.

Sternberg, R.: The New Psychology of Love, 2008.

Stobbe, M.: Lösungsorientierte Kommunikation, 2001.

Stobbe, M.: Lösungsorientiertes Coaching ... rechnet sich!, 2003.

Stobbe, M.: Lösungsorientiertes Management, 2008.

Tomoff, M.: Positive Psychologie in Unternehmen, Wiesbaden: Springer, 2015.

Ulsamer, B.: Hobeln ohne Späne – Führungskunst durch emotionale Intelligenz, 2004.

Walter, J. L.; Peller, J. E.: Lösungsorientierte Kurztherapie. Ein Lehr- und Lernbuch, 1994.

Stichwortverzeichnis

Impressum

Bibliografische Information der Deutschen Nationalbibliothek
Die Deutsche Nationalbibliothek verzeichnet diese Publikation in der Deutschen Nationalbibliografie; detaillierte bibliografische Daten sind im Internet über http://www.dnb.dnb.de abrufbar.

Print: ISBN: 978-3-648-16985-8 Bestell-Nr.: 10755-0002
ePub: ISBN: 978-3-648-16986-5 Bestell-Nr.: 10755-0101
ePDF: ISBN: 978-3-648-16987-2 Bestell-Nr.: 10755-0151

Marcus Stobbe
Lösungsorientiert denken und handeln – Wie eine Haltung Ihr Leben verändert
2. Auflage 2023

www.haufe.de
info@haufe.de
Redaktion: Jürgen Fischer

Bildnachweis (Cover): IvelinRadkov/iStock by Getty Images

Aus Gründen der besseren Lesbarkeit wird bei Personenbezeichnungen und personenbezogenen Hauptwörtern in diesem Buch das generische Maskulinum verwendet. Entsprechende Begriffe gelten im Sinne der Gleichbehandlung grundsätzlich für alle Geschlechter. Die verkürzte Sprachform hat nur redaktionelle Gründe und beinhaltet keinerlei Wertung.

Der Autor

Marcus Stobbe

ist Diplom-Psychologe und seit 1992 als Trainer, Coach und Teamentwickler tätig. Mit seinem systemisch-lösungsorientieren Ansatz unterstützt er Einzelpersonen, Teams und Unternehmen bei der Suche nach Lösungen, in der Kommunikation, in der Talent- und Teamentwicklung und bei der Entwicklung ihrer sozialen Kompetenzen. Seit 2004 ist er zertifizierter LIFO-Stärkenmanagement-Analyst.

Weitere Literatur

»Coaching-Techniken«, von Karsten Drath, 128 Seiten, EUR 9,95, ISBN 978-3-648-12341-6, Bestell-Nr.: 10104

»Resilienz«, von Ella Gabriele Amann, 128 Seiten, EUR 9,95, ISBN 978-3-648-16599-7, Bestell-Nr.: 10703

»Management Coaching und Positive Psychologie – Stärken stärken, sinnvoll wachsen«, von Nico Rose, 239 Seiten, EUR 39,95, ISBN 978-3-648-15580-6, Bestell-Nr.: 10681